"十四五"国家重点图书出版规划项目

新版《列国志》与《国际组织志》联合编辑委员会

主　　任　谢伏瞻
副 主 任　李培林　蔡　昉
秘 书 长　马　援　谢寿光
委　　员（按姓氏音序排列）
　　　　　陈东晓　陈　甦　陈志敏　陈众议　冯仲平　郝　平　黄　平
　　　　　贾烈英　姜　锋　李安山　李晨阳　李东燕　李国强　李剑鸣
　　　　　李绍先　李向阳　李永全　刘北成　刘德斌　刘新成　罗　林
　　　　　彭　龙　钱乘旦　秦亚青　饶戈平　孙壮志　汪朝光　王　镭
　　　　　王灵桂　王延中　王　正　吴白乙　邢广程　杨伯江　杨　光
　　　　　于洪君　袁东振　张倩红　张宇燕　张蕴岭　赵忠秀　郑秉文
　　　　　郑春荣　周　弘　庄国土　卓新平　邹治波

国际组织志

INTERNATIONAL
ORGANIZATIONS
SURVEYS

国际电信联盟

INTERNATIONAL TELECOMMUNICATION UNION

孙南翔　著

社会科学文献出版社
SOCIAL SCIENCES ACADEMIC PRESS (CHINA)

出版说明

自20世纪90年代以来，世界格局和形势发生重大变化，国际秩序进入深刻调整期。世界多极化、经济全球化、文化多样化、社会信息化加速发展，而与此同时，地缘冲突、经济危机、恐怖威胁、粮食安全、网络安全、环境和气候变化、跨国有组织犯罪等全球性问题变得更加突出，在应对这些问题时以联合国为中心的国际组织起到引领作用。特别是近年来，逆全球化思潮暗流涌动，单边主义泛起，贸易保护升级，以维护多边主义为旗帜的国际组织的地位和作用更加凸显。

作为发展中大国，中国是维护世界和平与发展的重要力量。对于世界而言，应对人类共同挑战，建设和改革全球治理体系，需要中国的参与；对于中国而言，国际组织不仅是中国实现、维护国家利益的重要途径，也是中国承担国际责任的重要平台。考虑到国际组织作为维护多边主义和世界和平与发展平台的重大作用，我们决定在以介绍世界各国及国际组织为要旨的《列国志》项目之下设立《国际组织志》子项目，将"国际组织"各卷次单独作为一个系列编撰出版。

从概念上讲，国际组织是具有国际性行为特征的组织，有广义、狭义之分。狭义上的国际组织仅指由两个或两个以上国家（或其他国际法主体）为实现特定目的和任务，依据其缔结的条约或其他正式法律文件建立的有一定规章制度的常设性机构，即通常所说的政府间国际组织（IGO）。这样的定义虽然明确，但在实际操作中对政府间国际组织的界定却不总是完全清晰的，因此我们在项目运作过程中参考了国际协会联盟（Union of International Associations，UIA）对国际组织的归类。除了会籍普遍性组织（Universal Membership Organizations）、洲际性组织（Intercontinental Membership Organizations）和区域性组织（Regionally Defined Membership Organizations）等常见的协定性国际组织形式外，UIA把具有特殊架构的组织也纳入政府间国际组织的范围，比如论坛性组织、国际集团等。考虑到这些新型国际组织数量增长较快，而且具有灵活、高效、低成本等优势，它们在全球事务中的协调作用及影响力不容忽视，所以我们将这些新型的国际组织也囊括其中。

广义上的国际组织除了政府间国际组织之外，还包括非政府间的国际组织（INGO），指的是由不同国家的社会团体或个人组成，为促进在政治、经济、科学技术、文化、宗教、人道主义及其他人类活动领域的国际合作而建立的一种非官方的国际联合体。非政府间国际组织的活动重点是社会发展领域，如扶贫、环保、教育、卫生等，因其独立性和专业性而在全球治理领域发挥着独特作用。鉴于此，我们将非政府间的国际组织也纳入《国际组织志》系列。

构建人类命运共同体，建设持久和平、普遍安全、共同繁荣、开放包容、清洁美丽的世界，是习近平总书记着眼人类发展和世界前途提出的中国理念，受到了国际社会的高度评价和热烈响应。中国作为负责任大国，正以更加积极的姿态参与推动人类命运共同体的建设，国际组织无疑是中国发挥作用的重要平台。这也是近年来我国从顶层设计的高度将国际组织人才

出版说明

培养提升到国家战略层面,加大国际组织人才培养力度的原因所在。

《国际组织志》丛书属于基础性研究,强调学术性、权威性、应用性,作者队伍由中国社会科学院国际研究学部及国内各高校、科研机构的专家学者组成。尽管目前国内有关国际组织的研究已经取得了较大进步,但仍存在许多亟待加强的地方,比如对有关国际组织制度、规范、法律、伦理等方面的研究还不充分,可供国际事务参与者借鉴参考的资料还很缺乏。

正因为如此,我们希望通过《国际组织志》这个项目,搭建起一个全国性的国际组织研究与出版平台。研究人员可以通过这个平台,充分利用已有的资料和成果,深入挖掘新的研究课题,推进我国国际组织领域的相关研究;从业人员可以通过这个平台,掌握国际组织的全面资料与最新资讯,提高参与国际事务的实践能力,更好地在国际舞台上施展才能,服务于国家发展战略;更重要的是,正在成长的新一代学子可以通过这个平台,汲取知识,快速成长为国家需要的全球治理人才。相信在各方的努力与支持下,《国际组织志》项目必将在新的国际国内环境中体现其独有的价值与意义!

新版《列国志》与《国际组织志》联合编辑委员会
2018 年 10 月

前　　言

　　自1840年前后中国被迫开关、步入世界以来，对外国舆地政情的了解即应时而起。还在第一次鸦片战争期间，受林则徐之托，1842年魏源编撰刊刻了近代中国首部介绍当时世界主要国家舆地政情的大型志书《海国图志》。林、魏之目的是为长期生活在闭关锁国之中、对外部世界知之甚少的国人"睁眼看世界"，提供一部基本的参考资料，尤其是让当时中国的各级统治者知道"天朝上国"之外的天地，学习西方的科学技术，"师夷之长技以制夷"。这部著作，在当时乃至其后相当长一段时间内，产生过巨大影响，对国人了解外部世界起到了积极的作用。

　　自那时起中国认识世界、融入世界的步伐就再也没有停止过。中华人民共和国成立以后，尤其是1978年改革开放以来，中国更以主动的自信自强的积极姿态，加速融入世界的步伐。与之相适应，不同时期先后出版过相当数量的不同层次的有关国际问题、列国政情、异域风俗等方面的著作，数量之多，可谓浩如烟海。它们对时人了解外部世界起到了积极的作用。

　　当今世界，资本与现代科技正以前所未有的速度与广度在国际流动和传播，"全球化"浪潮席卷世界各地，极大地影响着世界历史进程，对中国的发展也产生极其深刻的影响。面对不同以往的"大变局"，中国已经并将继续以更开放的姿态、更快的步伐全面步入世界，迎接时代的挑战。不同的是，我们所面

国际电信联盟

临的已不是林则徐、魏源时代要不要"睁眼看世界"、要不要"开放"的问题，而是在新的历史条件下，在新的世界发展大势下，如何更好地步入世界，如何在融入世界的进程中更好地维护民族国家的主权与独立，积极参与国际事务，为维护世界和平，促进世界与人类共同发展做出贡献。这就要求我们对外部世界有比以往更深切、全面的了解，我们只有更全面、更深入地了解世界，才能在更高的层次上融入世界，也才能在融入世界的进程中不迷失方向，保持自我。

与此时代要求相比，已有的种种有关介绍、论述各国史地政情的著述，无论就规模还是内容来看，已远远不能适应我们了解外部世界的要求。人们期盼有更新、更系统、更权威的著作问世。

中国社会科学院作为国家哲学社会科学的最高研究机构和国际问题综合研究中心，有11个专门研究国际问题和外国问题的研究所，学科门类齐全，研究力量雄厚，有能力也有责任担当这一重任。早在20世纪90年代初，中国社会科学院的领导和中国社会科学出版社就提出编撰"简明国际百科全书"的设想。1993年3月11日，时任中国社会科学院院长的胡绳先生在科研局的一份报告上批示："我想，国际片各所可考虑出一套列国志，体例类似几年前出的《简明中国百科全书》，以一国（美、日、英、法等）或几个国家（北欧各国、印支各国）为一册，请考虑可行否。"

中国社会科学院科研局根据胡绳院长的批示，在调查研究的基础上，于1994年2月28日发出《关于编纂〈简明国际百科全书〉和〈列国志〉立项的通报》。《列国志》和《简明国际百科全书》一起被列为中国社会科学院重点项目。按照当时的计划，首先编写《简明国际百科全书》，待这一项目完成后，再着手编写《列国志》。

1998年，率先完成《简明国际百科全书》有关卷编写任务的研究所开始了《列国志》的编写工作。随后，其他研究所也陆续启动这一项目。为了保证《列国志》这套大型丛书的高质量，科研局和社会科学文献出版社于1999年1月27日召开国际学科片各研究所及世界历史研究所负责人会议，讨论了这套大型丛书的编写大纲及基本要求。根据会议精神，科研局随后印发了《关于〈列国志〉编写工作有关事项的通知》，陆续为启动项目拨付研究经费。

为了加强对《列国志》项目编撰出版工作的组织协调，根据时任中国社会科学院院长的李铁映同志的提议，2002年8月，成立了由分管国际学科片的陈佳贵副院长为主任的《列国志》编辑委员会。编委会成员包括国际片各研究所、科研局、研究生院及社会科学文献出版社等部门的主要领导及有关同志。科研局和社会科学文献出版社组成《列国志》项目工作组，社会科学文献出版社成立了《列国志》工作室。同年，《列国志》项目被批准为中国社会科学院重大课题，新闻出版总署将《列国志》项目列入国家重点图书出版计划。

在《列国志》编辑委员会的领导下，《列国志》各承担单位尤其是各位学者加快了编撰进度。作为一项大型研究项目和大型丛书，编委会对《列国志》提出的基本要求是：资料翔实、准确、最新，文笔流畅，学术性和可读性兼备。《列国志》之所以强调学术性，是因为这套丛书不是一般的"手册""概览"，而是在尽可能吸收前人成果的基础上，体现专家学者们的研究所得和个人见解。正因为如此，《列国志》在强调基本要求的同

国际电信联盟

时，本着文责自负的原则，没有对各卷的具体内容及学术观点强行统一。应当指出，参加这一浩繁工程的，除了中国社会科学院的专业科研人员以外，还有院外的一些在该领域颇有研究的专家学者。

现在凝聚着数百位专家学者心血，共计141卷，涵盖了当今世界151个国家和地区以及数十个主要国际组织的《列国志》丛书，将陆续出版与广大读者见面。我们希望这样一套大型丛书，能为各级干部了解、认识当代世界各国及主要国际组织的情况，了解世界发展趋势，把握时代发展脉络，提供有益的帮助；希望它能成为我国外交外事工作者、国际经贸企业及日渐增多的广大出国公民和旅游者走向世界的忠实"向导"，引领其步入更广阔的世界；希望它在帮助中国人民认识世界的同时，也能够架起世界各国人民认识中国的一座"桥梁"，一座中国走向世界、世界走向中国的"桥梁"。

《列国志》编辑委员会
2003年6月

目 录

序 言 / 1

第一章 国际电信联盟的历史沿革 / 1

第一节 国际电信联盟的生成期：1865~1946年 / 2
一 对电报的规制 / 2
二 对无线电的规制 / 3
三 电报和无线电的融合 / 5
四 其他议题 / 6

第二节 国际电信联盟的成形期：1947~1991年 / 7
一 国际电信联盟的复兴 / 7
二 国际电信联盟的新变化 / 8

第三节 国际电信联盟的转型期：1992~2019年 / 10
一 国际电信联盟的重组 / 10
二 国际电信联盟的平稳发展 / 12

第四节 国际电信联盟与主要大国的关系 / 17
一 国际电信联盟的"欧洲中心"时期 / 17
二 国际电信联盟的"美国中心"时期 / 19
三 国际电信联盟与金砖国家 / 20

第二章 国际电信联盟的性质与职责 / 21

第一节 国际电信联盟在信息通信领域的功能 / 21

CONTENTS
目 录

　　一　国际电信领域的发明创造 / 21

　　二　国际电信联盟在信息通信领域的作用 / 27

第二节　国际电信联盟的宗旨、主要业务与基本任务 / 33

　　一　国际电信联盟的宗旨 / 33

　　二　国际电信联盟的主要业务 / 35

　　三　国际电信联盟的基本任务 / 37

第三节　国际电信联盟的定位、发展趋势与未来目标 / 40

　　一　国际电信联盟的定位 / 40

　　二　国际电信联盟的发展趋势 / 42

　　三　国际电信联盟的未来目标 / 44

第四节　国际电信联盟的重要法律法规 / 46

　　一　《国际电信联盟组织法》/ 47

　　二　《国际电信联盟公约》/ 48

　　三　国际电信联盟行政规则 / 48

　　四　其他法律文件 / 51

第三章　国际电信联盟的制度框架 / 53

第一节　国际电信联盟的组织框架 / 53

　　一　国际电信联盟的成员资格 / 53

　　二　国际电信联盟的组织机构 / 55

　　三　国际电信联盟的代表性会议 / 66

CONTENTS
目 录

  四 国际电信联盟的管理团队／69

第二节 国际电信联盟的具体法律规则／72

  一 成员的权利与义务／72

  二 投票与决策规则／73

  三 一般性电信规则／75

  四 无线电特别规则／76

  五 争议解决制度／77

  六 加入、批准与退出／78

第三节 国际电信联盟与其他组织机制的关系／79

  一 国际电信联盟与联合国／79

  二 国际电信联盟与世界贸易组织／80

  三 国际电信联盟与国际标准化组织／82

第四章 变革中的国际电信联盟／85

第一节 国际电信联盟与发展议题／85

  一 国际电信联盟与可持续发展／85

  二 国际电信联盟与发展中国家／87

  三 国际电信联盟与青少年发展／89

第二节 国际电信联盟与互联互通议题／90

  一 国际电信联盟与互联网治理／90

  二 国际电信联盟与信息自由／95

CONTENTS
目 录

第三节　国际电信联盟与机制体制议题 / 97

 一　国际电信联盟与透明度建设 / 97

 二　国际电信联盟与公众参与 / 99

第五章　中国在国际电信联盟中的地位与作用 / 101

第一节　中国与国际电信联盟的关系 / 101

 一　中国与国际电信联盟关系的历史梳理 / 101

 二　中国电信领域成绩斐然 / 104

第二节　中国在国际电信联盟中的作用 / 107

 一　技术标准领域的贡献 / 107

 二　社会合作领域的贡献 / 108

 三　人力资本领域的贡献 / 109

第三节　中国与国际电信联盟合作的未来展望 / 110

 一　国际电信联盟与第四次工业革命 / 110

 二　国际电信联盟与"一带一路"倡议 / 112

结　语 / 115

附录一　国际电信联盟组织法 / 121

附录二　国际电信联盟公约 / 149

CONTENTS
目 录

大事纪年 / 193

参考文献 / 199

索　引 / 203

致　谢 / 205

序　言

他从未长大，但他从未停止成长。

——阿瑟·克拉克

1945年，阿瑟·克拉克在英国《无线电世界》杂志上发表了一篇题为《地球外的中继——卫星能给出全球范围的无线电覆盖吗？》的论文，详细论证了卫星通信的可行性。这种卫星可以通过转发器来传递和放大无线电通信信号，为地面发射站与接收站建立中继通道。这在当时被大部分民众视为天方夜谭。

然而，克拉克的预言在1960年变为现实。1960年8月12日，美国国家航空航天局发射了第一颗通信卫星Echo 1号。全球通信卫星的静止轨道也因此被命名为"克拉克轨道"。1994年，克拉克因国际通信卫星理论获得诺贝尔和平奖提名。

毫无疑问，人类的求知欲、好奇心与想象力一步步推动了科学技术的发展。人类的想象推进了技术的发展；技术的发展进一步实现了人类的设想。当前，世界处于大变局的时代。在人类历史长河中，有三个明显的大变局阶段。第一阶段是由原始社会进入农业社会。人类发明了人工取火的方式，发明了相关农业器械，大幅度地提高了生产力。人类由此步入农业时代，由原始人成长为社会人。第二阶段是从农业社会进入工业社会。该阶段蒸汽机的发明推动了整个工业革命的发展。第三阶段当下正在发生，由工业社会进入信息社会。在信息化时代下，大量信息的生成促成了时代的新变化。

国际电信联盟

每一次时代的转型，背后都蕴含着技术的革新、生产力的提升、生产关系的改善、社会治理方式的变革。在农业社会，农耕技术与器械的大量使用推动了小农经济的产生，也推动了封建制度的形成与发展。因为封建制度的形成和发展与生产力水平和生产关系密切相关。在工业社会，更多的人产生对自由、民主和法治的向往与追求。换言之，技术发展推动了生产力的发展，生产力的发展推动了生产关系的变化，进而引发整个社会的治理结构（包括法律）的变革。① 当前，信息技术变革被称作第四次工业革命，其中的变革与互联网、数据信息密切相关。

国际电信联盟的萌芽、发展与壮大正是发生于上述第二阶段到第三阶段之间。在一个相当长的时期，纸张是信息传递的重要载体，实现了作者与读者之间的信息传输与沟通。但纸张传输的速度太过缓慢。随着社会生活的发展，人类对信息传输的需求有增无减。在19世纪中叶，作为一种新技术，电报提供了另一种快速的信息传输方式。20世纪以来，大多数国家的通信系统逐渐实现工业化，其承载了更多的信息传输，特别是实现了即时的远距离信息传递。国际电信联盟的发展历程与人类对信息传输的需求密不可分。

回溯历史，国际电信联盟前身是1865年在巴黎成立的"国际电报联盟"，1934年改用现名，1947年成为联合国的专门机构。目前，国际电信联盟向全世界所有国家开放，其总秘书处设在瑞士日内瓦，包括193个成员国和900多个部门成员及部门准成员和学术成员。国际电信联盟是国际信息通信领域的核心组织。根据《国际电信联盟组织法》第1条，国际电信联盟的宗旨是改进和合理使用各种电信资源，提高电信业务的效率，并协调各成员国的行动。为促进电信服务的普遍化，国际电信联盟的管辖范围已拓展至整个通信系统，涉及从数字广播到互联网，从移动技术到三维电视，甚至还扩展到大数据、云计算、人工智能等领域。随着大数

---

① 当前，我们正在经历第三阶段的世界大变局。在新的阶段，新技术将会给人的生产生活带来翻天覆地的变化。从某种程度上说，在未来的人工智能时代，每个人都是信息组成的集合体。新的生产生活方式也必然要求治理机制与规则的变化。而这当中，电信以及互联网规则将首先成为规则变革的重要领域。

序言 | nternational Telecommunication Union

据时代的到来，国际电信联盟作为信息通信技术领域的核心机构，正在发挥不可替代的作用。

本质上，国际电信联盟关注的核心在于：如何更好地规制电信活动（包括网络信息技术活动），并更好地设定成员国的权利、义务和责任。在具体的规制过程中，甚至还包括对卫星轨道、海底电缆等的规制。上述法律权利、义务与责任主要规定在《国际电信联盟公约》《国际电信联盟组织法》等国际电信法规和文件中。

作为电信体系的管理者和运营者，国家成为国际电信法规和文件的重要推动者。在此意义上，国际电信联盟更关注国家的、公共的电信体系立法和规制。换言之，在这一国家体系下，普通公众能够通过付费或者不付费的方式获得电信服务。电信服务包括但不限于电报、电话和数据通信服务等。2000年以来，国际电信联盟越来越多地涉及私人性组织（如环球银行金融电信协会）的国际电信设施的规制问题。从此层面而言，私人性组织参与也是解读国际电信联盟的一个视角。

本书对国际电信联盟研究的重点在于对其历史过往、当前机制与未来发展的阐述。

第一，在历史的长镜头下，国际电信联盟的产生与发展有技术实践的推动。电信技术最开始是通过莫尔斯电码[①]的方式来传输相关信息的。从此之后，信息的传输逐渐不再依赖人为传递。由于电力、电磁学、信号学、有线电缆和卫星等技术的发展，信息传输方式持续优化。电信技术的变化（特别是19世纪电报的使用）使国际电信联盟的运行具有必要性。特别是20世纪80年代以来，随着个人计算机及计算机局域网的出现和通信技术的电子化，国际电信联盟的发展具有了新的技术推动力。计算机技术的发展使电信所涵盖的范围更大，参与主体更加多元，

---

① 莫尔斯电码（又译为"摩斯密码"）是一种时通时断的信号代码，通过不同的排列顺序来表达不同的英文字母、数字和标点符号。现代国际莫尔斯电码是由弗里德里希·克莱门斯·格尔克在1848年发明的，用于德国的汉堡和库克斯港之间的电报通信。1865年之后，莫尔斯电码在被少量修改之后由国际电报联盟在巴黎将其标准化，后来由国际电信联盟统一定名为国际莫尔斯电码。

国际电信联盟

法律问题也更加复杂。当前，不同形式的服务、不同体系的网络在世界上广泛存在。通过融合和对接的方式实现不同体系之间的衔接，对国际电信联盟的未来发展至关重要。从此层面看，在数字化时代，新的电子化技术将进一步推动国际电信联盟的创新与发展。[1]

第二，在国际博弈的舞台上，国际电信联盟的体制机制变革有政治因素的影子。跨国电报的出现使得各国需要一套共同接受的法律法规与行为标准，这推动了设立国际电信联盟的构想。自1865年成立以来，国际电信联盟在第一个一百年内主要致力于实现国际政治的融合，进而建立一个国际性的、普遍接受的制度框架。

对于国际组织而言，其至少需要从三个层面考量政治因素。其一，国际组织必须建立一个强有力的规范机制，进而规制国际的电信活动。其二，国际组织中的投票权必须体现全体成员方或绝大多数成员方的集体意志。其三，鉴于国际组织的状态，其必须进一步考虑国际组织体系外的全球利益或人类共同利益。[2]

上述三个层面的政治因素同样深刻影响着国际电信联盟的发展。首先，国际电信联盟正面临其他国际组织和非政府组织的挑战。这涉及国际电信联盟与相关组织之间的关系。从国际层面而言，不同的组织具有不同的功能，特别是网络领域的非政府组织正挑战国际电信联盟在全球网络信息治理方面的中心地位，并进一步弱化国际电信联盟规范的核心功能。其次，随着越来越多的发展中国家参与，国际电信联盟更加关注发展与援助议题。二战后，众多新独立的发展中国家加入国际电信联盟，使得国际电信联盟的成员国构成比例发生变化。新的国际电信联盟法规中，存在诸多发达国家和发展中国家的利益博弈。在议题设定上，发展中国家面临电信等基础设施建设不足的困境，而发达国家要求建立一个复杂的国际电信体系。这涉及对国际电信体系的可利用资源的分配问题。这一问题不仅涉及世

---

[1] 参见本书第一章。

[2] 参见 Brian E. Harris, "The New Telecommunications Development: Bureau of the International Telecommunication Union," *American University Journal of International Law and Policy*, Vol. 7, 1991, pp. 83 – 104。

界各国对技术的获得，还涉及对自然资源（例如，电信卫星轨道位置分配、卫星频率波谱分配）的获得。因此，对电信资源的分配体现了国际电信联盟中的政治博弈。最后，技术（特别是电信技术）的发展不断拓展国际电信联盟所涵盖的范围。时至今日，大多数的全球公民能够更方便地、更低廉地使用相关的电信服务，这使网络上形成了多元化的网络社区。网络社区的形成也提升了公众对电信规制的意识，进一步推动了网络领域非政府组织的发展。

第三，在社会发展的角度，国际电信联盟的发展历程与经济力量的推动密不可分。电信市场的私有化和去规制化趋势将促成国际电信联盟的规制变革。私人机构逐渐成为推动国际电信联盟发展的一个重大力量。19世纪末以后，绝大多数国家立法规定电信领域为排他性的国有垄断行业。然而，20世纪末期，多数发达国家放松了国内规制，允许私人机构参与，从而改变了电信领域国有垄断的状况。电信领域私有化最开始是在工业国家发生的。目前，该趋势也影响到发展中国家。近年来，国际卫星的商业性利用规则也被写入国际文件。一些国家的私人通信机构在满足一定条件的基础上也可参与海底电缆设备的建造和使用。不仅如此，美国还主张在满足国家利益导向基础上，允许私人卫星设施参与竞争一些独立的卫星系统建设项目。[1] 从此层面看，私人企业目前被允许建设、运营海上的、陆地上的以及外层空间内的电信资源。由此可见，电信提供者不仅包括国家，还包括私人企业，后者不应被免除国际电信义务与责任。

私人企业的参与也将进一步促进电信体系的多元化。国际电信联盟的核心目标之一在于建构互联互通的电信网络。因此，不同提供者的体系之间应该可以相互关联、相互协调。电信体系之间相互关联的需求也产生了标准措施问题。从此层面看，服务提供者运营电信体系的责任应被界定。例如，运营者应确保不同的电报设备能够进行相互沟通。在数字化时代，

---

[1] 参见 Martin A. Rothblatt, "ITU Regulation of Satellite Communication," *Stanford Journal of International Law*, Vol. 18, 1982, pp. 1-26。

国际电信联盟

确保国家和私人企业共同运营的国际电信体系的完整性和有效性也至关重要，其显然不仅仅是技术性议题，更是政治与经济议题。

随着中国走向世界的中心，中国的问题就是世界的问题，世界的问题也就是中国的问题。中国与世界无比紧密地联系在一起。在电信领域，国际电信联盟的技术、政治和经济因素亦是中国所必须了解与研究的。在继往开来的新时代，党的十九大报告明确指出，坚持推动构建人类命运共同体。一方面，正如党的十九大报告所指出的，全球数字鸿沟问题非常突出。作为国际电信通信领域最重要的国际组织，国际电信联盟正致力于解决发展中国家的网络互联互通问题，这与我国构建人类命运共同体的宗旨和理念密切相关。我国可借由国际电信联盟实现数字丝绸之路的探索和构建。另一方面，当前，国际电信联盟是我国参与国际信息通信政策制定的关键舞台。数字中国的推进离不开信息通信技术的发展以及国际标准的协调。例如，5G国际标准的争夺战是技术创新的争夺战，更是国际政策制定权和主导权的争夺战。深入了解国际电信联盟也有助于我国实现在国内外信息通信领域的话语权的提升。

正是基于此，本书对国际电信联盟的历史、现状和发展进行系统梳理，重点阐述国际电信联盟的历史沿革、性质与职责、制度框架、所面临的问题及改革趋势，并总结中国在国际电信联盟中的地位与作用。

归纳而言，本书旨在对国际电信联盟进行系统介绍。

本书在一定程度上反映国际规则适应通信行业发展的变化历程。传统上，国际电信联盟针对的是电报、电话等行业。随着大数据时代的到来，国际电信联盟的管辖范围已拓展至整个通信系统，涉及从数字广播到互联网，从移动技术到三维电视，甚至还扩展到大数据、云计算、人工智能等领域。通过系统梳理，本书反映了从传统到现代的国际规则更新和发展的轨迹及特点。

本书在一定程度上也体现了中国参与国际机制的路径和方法。中国于1920年加入国际电报联盟。然而，新中国成立后，我国的合法席位曾被非法剥夺。1972年5月，国际电信联盟行政理事会第27届会议通过决议恢复我国的合法席位。此后，我国积极参加了国际电信联盟的历次会议和活动。2014年10月23日，赵厚麟当选国际电信联盟新一任秘书长，成为国际电信联盟成立以来首位中国籍秘书长。通过对国际电信联盟历史沿革的梳理，本书从侧面反映中国积极参与国际机制的历史进程。

除序言、结语外，本书分为五个部分。具体而言，第一章主要介绍国际电信联盟的历史起源、历史演变及国际电信联盟在通信领域的重要作用，试图从历史的角度对国际电信联盟的发展历程进行梳理。第二章重点介绍国际电信联盟的性质与职责。根据国际电信联盟的职能范围，该部分具体阐述其基本宗旨、任务以及未来发展目标，并重点介绍《国际电信联盟组织法》《国际电信联盟公约》等法律法规。第三章分析国际电信联盟的制度框架，包括但不限于成员资格、组织机构、决策规则、争议解决制度。同时，该部分阐述了国际电信联盟与联合国、世界贸易组织等多边组织机制的关系。第四章重点研究新时期国际电信联盟面临的挑战及变革，主要对可持续发展、互联网治理、信息自由、透明度建设、公众参与等议题进行探讨。第五章阐述中国参与国际电信联盟活动的历史进程与贡献，以及中国电信领域的经济成就及立法进程。同时，该部分还展望了中国和国际电信联盟合作的光明前景。当然，由于互联网处在快速变化时期，新的技术层出不穷、新的理念数见不鲜、新的机制不断涌现，在第四次工业革命来临之际和百年未有之大变局开启之时，对国际电信联盟的讨论和研究只是开始，远未结束。

# 第一章
## 国际电信联盟的历史沿革

国际电信联盟（International Telecommunication Union，ITU）是联合国主管信息通信技术（ICT）事务的重要专门机构，也是联合国机构中历史最长的国际组织，拥有 193 个成员国、900 多家私营部门实体和学术机构。[①] 国际电信联盟的基础法律文件是《国际电信联盟公约》《国际电信联盟组织法》。此外，《国际电信规则》（International Telecommunication Regulation，ITR）是国际电信联盟重要的国际多边法律文件，是各成员国及其国民进行国际信息通信交往的行为准则，是成员国在处理国际信息通信关系时应当遵循的国际法律规则。目前，国际电信联盟共有两个版本的《国际电信规则》，即 1988 年在澳大利亚墨尔本通过的《国际电信规则》和 2012 年在阿联酋迪拜重新修订的《国际电信规则》。[②]

国际电信联盟是世界上最古老的国际组织。最初，国际电信联盟并没有成熟的组织结构。然而经过 150 多年的发展，国际电信联盟逐步完善其组织机制以及运行程序，进而不断回应世界经济变化与国际政治变革。在第二次世界大战以后，国际电信联盟实现了让更多发展中国家参与的目标，并推行"一国一票"的投票机制，进而成为国际民主的范本。因此，回溯国际电信联盟的历史有助于我们深入了解国际组织的变化过程。

在其发展过程中，国际电信联盟致力于确保公众以最便捷的方式在全

[①] 参见《国际电信联盟（ITU）简介》，国际电信联盟，https://www.itu.int/zh/about/Pages/default.aspx。
[②] 参见王春晖《〈国际电信规则〉审议与修订的法律分析》，《网络信息法学研究》2018 年第 1 期，第 248 页。

球获取电信资源。其发展主要经历了四个重要的时间点：第一个时间点为1865年，国际电报联盟正式成立；第二个时间点为1934年，国际电报联盟、半官方的国际电报组织、半官方的无线电报组织进行合并；第三个时间点为1947年，在美国大西洋城全权代表大会上，国际电信联盟进行重组；第四个时间点为1989年，国际电信联盟召开尼斯全权代表大会。该次会议重组了国际电信联盟的组织形式，深刻影响了1992年日内瓦全权代表大会特别会议、1994年京都全权代表大会等会议。上述时间点都是国际电信联盟重要的历史时刻，也对国际电信联盟的发展具有里程碑的意义。

第一节　国际电信联盟的生成期：1865~1946年

一　对电报的规制

国际电信联盟最早可以追溯到19世纪中叶。当时，欧洲国家开始以电缆方式作为新的通信技术。该技术或被称为电报技术。电报技术不仅实现了快速的、远距离的通信，而且与当时的铁路发展密切相关。因此，其需要国家之间协调解决铺设跨越国境的电报线问题。1850年，普鲁士和奥地利组成了德奥电报联盟，其目的是协调和建立标准、代码等相协调的跨国电报系统。随后，该联盟迅速扩展，新加入国包括欧洲中部、东部的国家。同时，在欧洲西部的国家中，协调电报通信的国家为法国和比利时。1855年，上述两国主导创建了西欧电报联盟。该组织成为国际电信联盟的雏形。

国际电信联盟的前身——国际电报联盟于1865年正式成立。当时，德奥电报联盟和西欧电报联盟开始探索融合机制。在此背景下，共有20个欧洲国家在法国巴黎召开国际性的会议，共同构建欧洲电报统一体系，并创建了国际电报联盟。新创建的联盟被赋予监管欧洲电报网络的功能，并且也被赋予设定相关新标准的权力。1865年，国际电报会议拟定了国际电报公约以及电报法规。其中，莫尔斯电码作为指定的字母表，被视为传输编码。法国法郎被选择作为国际账户清偿和争端解决赔偿的基础货币。同时，国际电报会议也决定，与国际电报相关的法律法规可以修改，由后续召开的定期会议进行讨论并通过。该次会议还讨论了在新设的组织中设立秘书处，将其作为帮助筹办下次会议的机构，同时对国际电报网络相关问题进行研究和调查。然而，由于当时成员国担心联盟秘书处被法国及拿破仑三世控制，设立秘书处的建议并没有被采纳。

国际电报联盟秘书处的设立是在1868年于维也纳举行的第二次国际电报会议上完成的。该秘书处为永久性的行政机构。由于得到中立国瑞士的支持，最终秘书处选址在瑞士首都——伯尔尼。其后，国际电报联盟的成员方持续平稳地增加。越来越多的国家创立了本国的电报网络，并且与其他欧洲国家的电报网络相互连接。当时，美国并没有加入国际电报联盟。其核心原因为：美国电报传输由私人行业运行，美国政府没有权力规制电报私营机构。

1875年，国际电报联盟的基础架构被《圣彼得堡国际电报公约》采纳，标志着国际电报联盟的行政会议将定期举行，进而能够定期修改电报法规。自1875年起，《圣彼得堡国际电报公约》持续维持了57年的法律效力。该公约第一次建立起成员方可以对公约义务做出保留的机制。圣彼得堡会议进一步解决了关于联盟协定被转化为公约的问题，并且将各国长期关注的、弹性的条款规定在公约附件中。《圣彼得堡国际电报公约》确定了联盟的行政会议机制，进而建立起一个永久性的行政组织，使得国际电报联盟的特点逐渐显现。[1]

二　对无线电的规制

因为存在被他国肆意干涉的风险，无线电的使用需要法律规制。同时，国家也希望能够对相关实践进行协调。例如，禁止无关人员接触马可

---

[1] 参见 "Overview of ITU's History", ITU, http://itu.int/go/OverviewITUsHistoryArticle。

国际电信联盟

尼信号①。

在此背景下，1903年，共有9个沿海国家的代表在德国柏林举行会议，讨论无线电通信技术的法规规范问题。无线电通信技术在当时是崭新的技术领域。各方关注点在于：如何建立确保航海安全的无线电使用协调机制。最后，各方达成关于无线电的议定书，该议定书要求各方寻求适合大多数国家实际情况的规范。柏林会议促使国际电报联盟开始考虑无线电通信技术。该会议进一步规定了各国避免有害干扰他国无线电的国际基本原则。

1906年，第一次国际无线电会议召开。此时，有29个参与国共同缔结了《柏林国际无线电公约》（International Radio Telegraph Convention of Berlin）。该公约建立了一个非正式的组织，被称为国际无线电联盟。国际无线电联盟建立了与国际电报联盟相似的机制体制。国际无线电联盟也定期举行会议以考虑公约的修改以及无线电法规的修订。该联盟的运行也依赖于电报系统，国际电报联盟在伯尔尼的机构也是该联盟的行政机构。

国际无线电联盟创造了两个革命性的理念。其一，其规定了特定的波谱被排他性地运用于某类无线电服务功能。其二，其成员方需要向常设机构汇报无线电的运行，并确保相关操作不会干扰其他频率的使用。同时，该会议也通过一个国际海事灾害预警呼叫信号，即"SOS"。

1912年，国际无线电会议在伦敦举行。该次会议使国家认识到必须允许公民进行通信，并进一步确保公民通信的权利。共有43个国家签署该次会议达成的无线电公约及法规。

第一次世界大战期间，无线电技术快速发展。一方面，战争导致了欧洲大陆的很多有线通信网络被摧毁。另一方面，海洋无线电站数量逐渐攀升，而且航空器也逐步使用无线电进行通信。

第一次世界大战之后，利益相关的各国召开了若干会议，并推动缔结《华盛顿国际无线电公约》（International Radio Telegraph Convention of

---

① 伽利尔摩·马可尼用电磁波进行约2公里距离的无线电通信实验，获得成功。1909年，他与布劳恩一起获得诺贝尔物理学奖，被称为"无线电之父"。他于1989年3月29日从英国的多佛尔向法国的布伦首次拍发了无线电报，被称为"马可尼信号"。

Washington）。1927年，80多个国家、64个私人公司与国际组织的代表在美国华盛顿召开会议。该次会议在是否设立国际无线电咨询委员会（International Radio Consultative Committee，CCIR）问题上产生分歧。德国、意大利认为快速发展的技术实践要求设立常设机构，处理非国际无线电会议期间出现的技术问题，以减少成员方派驻代表的压力。美国、法国和英国则反对该建议。美国认为此类机构会设立过于严苛的标准，可能会阻碍无线电的发展；法国担心私人企业通过在国际无线电咨询委员会中获得常设席位而获得额外的经济利益；英国认为由于无线电法规的修订需要由正式会议做出，该委员会是无意义的。最终，成立国际无线电咨询委员会的提议获得通过，该委员会在闭会期间发挥作用。[①] 该机构对电报、无线电和电话进行研究，并且对联盟在技术方面的发展提供相关的建议。此外，该次会议还对无线电频率、无线电免受有害干涉以及私人机构参与通信运营等做出规定。

三 电报和无线电的融合

1932年，第13次国际电报会议和第4次国际无线电会议在西班牙马德里分别召开。70多个国家和62个私人公司的代表参加了国际电报会议，65个国家和64个公司的代表参加了国际无线电会议。在1925年国际电报会议以及1927年国际无线电会议召开后，成员方对电报和无线电融合的呼声渐起，它们要求建立一个融合的国际组织。特别是电报、无线电在大多数国家都由一个部门进行管理，因此有必要对其进行融合，以此推动国际电信联盟的创建。1932年，马德里会议确定了创立国际电报联盟与国际无线电联盟的融合体——国际电信联盟。新的国际电信联盟正式取代了国际电报联盟与国际无线电联盟。新的术语被称为"电信"。因此，在技术领域，电信包括电报、无线电和电话技术等。

《国际电信公约》也融合了1875年《圣彼得堡国际电报公约》和

---

① 参见 George A. Codding Jr.，"Evolution of the ITU，" *Telecommunications Policy*，Vol. 15，1991，p. 275。

国际电信联盟

1927年《华盛顿国际无线电公约》。通过会议参与方的努力,最后签订的《国际电信公约》设定了国际电信联盟组织的框架、条约、程序、规则,以及一般的、普遍的规制电信服务的原则。其他相关问题也在国际电信法规中得到确定。同时,国际电信联盟也允许成员方做出区域性的安排,特别是关于区域性的频率分配问题。

1934年1月1日,国际电信联盟正式成立。该组织在第二次世界大战期间也履行其相应义务。虽然世界战争对通信基础设施造成了巨大的损害,但新的发明也在不断涌现。在此期间,雷达、微波等国际通信技术以及远距离无线电导航系统等不断出现。

四 其他议题

在国际电信联盟运行的早期,电话没有被纳入讨论议题,也并没有获得与电报相似的地位。因为其存在语言的障碍,特别是在欧洲,电话仅被视为电报的一个竞争者。比如,英国研究指出,电话的使用,使人们更倾向于不使用电报。[①] 在美国则是完全相反的情况。美国国内的交流沟通不存在任何语言障碍,并且电报运营的成本高于电话运营,因此,人们使用电话的费用比电报更低,电话在美国迅速发展。电话的出现改变了国际电报联盟的结构及运营方式。

1924年,国际电报联盟创建了关于长距离电话议题的国际咨询委员会,其后被称为国际电话咨询委员会(International Telephone Consultative Committee, CCIF)。该委员会由单独的专家小组组成,各小组相互交换在国际电话网络中所发现的技术与运营问题。

随着第二次世界大战的爆发,国际电信联盟的工作一度中止。虽然位于瑞士伯尔尼的联盟常设机构在二战期间发挥电信信息发布和利益协调作用,但是大量以有形实体为基础的电信设施在战争期间被摧毁。当然,在

[①] 参见 Brian E. Harris, "The New Telecommunications Development: Bureau of the International Telecommunication Union," *American University Journal of International Law and Policy*, Vol. 7, 1991, pp. 83–104。

战争期间，无线电在军事领域被广泛使用，其不仅是通信工具，更是宣传工具。除此之外，雷达、导航等也出现并投入使用。然而，在此阶段，各国对国际规范以及国际合作的需求却降至低点。1946年，根据美国的建议，中国、法国、英国、美国、苏联在莫斯科举行了国际电信联盟战后工作会议，这虽非国际电信联盟的正式会议，但是却促进了二战后国际电信联盟工作的恢复。

第二节 国际电信联盟的成形期：1947~1991年

一 国际电信联盟的复兴

1947年，在美国邀请之下，70多个国家的代表参加了国际电信联盟在美国大西洋城举行的全权代表大会。美国大西洋城全权代表大会在历史上是国际电信联盟发展的"分水岭"，实现了国际电信联盟的重组，并使国际电信事业焕发出生机与活力。美国大西洋城全权代表大会面临一系列重要的议题。例如，是否有必要将新技术纳入国际电信联盟的监管范围，如何界定国际电信联盟和联合国的关系，以及如何解决电报频率资源分配问题。

具体而言，美国大西洋城全权代表大会修订了在马德里签订的《国际电信公约》及其相关法规。决定将国际电信联盟改组为联合国的专门机构，并在公约中引入"一国一票"的新投票机制，同时要求成员方为主权国家。同时，该联盟建立了一个新的总秘书处，取代了之前位于伯尔尼的常设机构。1948年，国际电信联盟总秘书处从伯尔尼转到日内瓦，其职员也被赋予国际公务员的资格。此外，国际电信联盟理事会被创建，由18个国家政府的代表组成，用于监管联盟的活动，并且也与其他的国际组织（包括联合国）进行相互联络（特别是在全权代表大会闭会期间）。全权代表大会被重新确定为国际电信联盟的最高权力机构，并规定每5年举行一次。在休会期间，理事会负责整体工作，每年召开一次会议。国际电信联盟的技术咨询委员会成为常设性的机构，也将在固定期限内召开会议，以满足成员方之间的重要标准设定需要。

国际电信联盟

更为重要的是,美国大西洋城全权代表大会确定了成员方能够获得无线电频率的法定权利。在第二次世界大战期间,战胜国充分利用其所能够控制的电报频率,并在国际电信联盟秘书处进行登记,然而其他国家并没有进行登记。因此,各国在电报频率的使用上时常爆发冲突。为解决此问题,在美国大西洋城全权代表大会上,国际电信联盟要求成员方履行保护无线电免受有害干扰的义务,并要求其遵守国际电信公约和法规的相关要求。此次会议建立了一个新的机构——国际频率登记委员会(International Frequency Registration Board,IFRB),以负责此领域的工作。国际频率登记委员会承担先前伯尔尼常设机构关于频率通知和协调的责任。该委员会被进一步要求履行监管成员方频率通知并进行技术审查的义务。国际频率登记委员会不仅承担主要频率清单监管者的责任,而且也被授权对特定国家行为是否造成有害干涉进行认定,同时其还可以做出特定国家是否遵循国际电信公约及法规的判断。[1]

二 国际电信联盟的新变化

自1947年起,国际电信联盟的基本架构在45年内保持不变。然而,国际电信联盟的成员方构成却发生了重大的变化。1960年起,新独立的发展中国家开始成为国际电信联盟的主要成员,并且达到了联盟2/3以上的投票份额。

1965年,在国际电信联盟全权代表大会上,发展中国家要求设立提供技术援助的机构,该机构的运行需要得到国际电信联盟财政的资助。发展中国家还要求确保发展议题与标准制定、通信规制同等对待各成员国。然而该要求并没有在1965年的全权代表大会上得到满足。

1973年,国际电信联盟全权代表大会设立了一个援助发展中国家的资金计划,其资金来自自愿资助,并从国际电信联盟日常经费中剥离对发

---

[1] 参见 George A. Codding Jr., "The International Telecommunications Union: 130 Years of Telecommunications Regulation," *Denver Journal of International Law and Policy*, Vol. 23, 1995, pp. 501-512。

展中国家的发展援助经费。该建议由美国代表团提出。美国指出，如果国际电信联盟改变日常财政分配规则，那么将对美国行政部门造成影响，并使美国等其他国家怀疑是否应当为国际电信联盟做出贡献。然而，发展中国家其后继续抗争。发达国家认为使用日常经费进行技术援助会导致国际电信联盟无法履行其应有的责任，因此国际电信联盟推行使用自愿资金支持技术援助计划。新的资金被称为特别自愿项目，主要用于满足发展中国家的电信需求。然而，发展中国家认为技术援助本身是国际电信联盟的应有工作事项，其应发挥更大的作用。

20世纪80年代以来，发展中国家在国际舞台上发挥愈发重要的作用，并反映了和发达国家所不同的利益诉求。1982年，国际电信联盟全权代表大会在内罗毕举行。在该次会议上，发展中国家团结起来取得了较大的成果。其主要体现在两个领域的胜利。其一，《国际电信联盟组织法》中明确规定，国际电信联盟的宗旨是保持和扩大国际电信联盟成员国之间的合作，以改进和合理使用各种电信资源，并且要求在电信领域促进和提供对发展中国家的技术援助。这是国际电信联盟法律文件中首次明确体现发展中国家的发展需求。其二，内罗毕全权代表大会还批准了超过12个技术发展项目清单，这些项目得到国际电信联盟日常预算的资助。

除此之外，内罗毕全权代表大会通过的决定也有其他创新之处。例如，其首次设立了世界电信发展独立委员会。该委员会由专业性的、享有国际声誉的个人组成，负责审查现有的和未来的技术合作新议题，并对发展中国家的电信发展提供建议。1984年12月，该委员会在其报告中指出，良好的电信体系对现代化社会是非常重要的，然而大多数发展中国家的电信体系不足以支持基本电信服务。甚至在诸多发展中国家，其国内根本没有电信服务，更遑论满足人类的共同利益需求。该委员会认为，在电信领域，存在电信资源的失衡问题。因此，为了让发展中国家跟上全球电信发展的步伐，其提出了诸多建议，包括制定更多的发展援助计划。

在1989年国际电信联盟全权代表大会召开之前，联盟秘书长发表了重新设计国际电信联盟结构和职能以满足未来发展的演讲，呼吁改变电信运作的环境。该报告随后成为1989年尼斯全权代表大会的官方文件。

国际电信联盟

在发展中国家占据成员国的绝大多数后，其逐步凝聚了发展的诉求。例如，埃塞俄比亚政府提议在国际电信联盟的组织结构中设立一个新组织——电信发展局（Telecommunication Development Bureau, BDT）。电信发展局不仅能够对技术援助提供支持，而且能够合理得到国际电信联盟的日常经费资助。根据埃塞俄比亚的代表所言，发展应是国际电信联盟三大功能之一，然而当前发展议题并没有获得与标准化、电信规制等相同的地位。该建议甫一提出，立即遭到发达国家的反对。

最终，在尼斯全权代表大会上，发达国家和发展中国家的代表分别做出让步，主要内容如下。第一，新的电信发展局将会设立并接管电信合作部门的工作。最初，其每年将获得1500万瑞士法郎的预算；在之后五年内，其预算将上升到2250万瑞士法郎。第二，尼斯全权代表大会不会对国际电信联盟的组织结构做出其他改变。第三，将创立一个高级委员会，用于研究国际电信联盟常设机构的结构和运作。如果有需要，成员国将召开特别会议，审议该委员会提出的建议。第四，尼斯全权代表大会允许本会议开展其他工作，包括国际电报电话咨询委员会（The Consultative Committee of International Telegraph and Telephone, CCITT）的会员选举以及国际频率登记委员会的成员选举等。

一个新的高级委员会随后成立。1991年4月26日，该委员会发布了相关报告。在其报告中，委员会建议国际电信联盟关注标准化的行业、电信通信的行业以及发展的行业。国际频率登记委员会则被一个临时性的委员会取代。所有上述三个行业都应在国际的、区域的层面开展合作研究，并与相应工作组和董事、秘书长进行合作。该委员会还建议国际电信联盟召开一次特别的全权代表大会。因此，国际电信联盟全权代表大会特别会议于1992年12月在瑞士日内瓦召开，以讨论改变国际电信联盟基础性文件的必要性。

第三节 国际电信联盟的转型期：1992~2019年

一 国际电信联盟的重组

国际电信联盟的组织结构在1947年确定后，维持了45年。然而，该组织结构愈发显现出难以符合当时客观实践的弊端,因此,1992年日内瓦全权代表大会特别会议的重要内容为对国际电信联盟进行重组。

日内瓦全权代表大会特别会议重新设计了国际电信联盟的组织框架。重组后的国际电信联盟具有三个方面的特点。

第一,在电信通信领域,新的电信通信部门有足够的权力确保对电报频率的理性的、平等的、有效的和经济的使用。发展中国家就对地静止卫星资源等进行激烈的抗争,要求国际电信联盟必须预留新的无线电资源给发展中国家未来使用。即使当前发展中国家无法有效利用资源,也不应将其永久排除在使用卫星资源的国家行列之外。[1] 因此,新的电信通信部门可规制电报服务,并合理执行卫星轨道分配工作。同时,其能够对频率范围等问题进行研究。从此层面看,电信通信部门通过世界性的和区域性的合作机制来履行其职能,合作机制包括临时性的电报规制委员会、电报通信协会、电报通信研究小组以及提出相关建议的委员会等。

第二,在电信标准化领域,电信通信标准化部门的任务在于研究标准技术、运行及税费问题,并进一步在全球范围内对电信标准化进行改造。其依托世界电信标准化会议、电信标准化研究小组、电信标准化机构来履行相应职能。

第三,在电信发展领域,电信发展部门有责任履行联合国体系内发展目标所规定的义务,包括提供技术合作和援助的组织、协调功能。其依赖于全球性的、区域性的电信发展会议、电信通信发展小组和电信通信发展机构等履行其义务。[2]

日内瓦全权代表大会特别会议同时产生了关于上述三个行业的咨询小组。它们由相关的受认可的运营机构、科学研究集体代表和个人所组成,

---

[1] 参见 Alan M. Solana, "The International Telecommunication Union and the Third World's Quest for Equitable Access to the Orbit/Spectrum Resource," *Boston College Third World Law Journal*, Vol. 4, 1984, pp. 183 – 203。

[2] 参见 George A. Codding Jr., "The International Telecommunications Union: 130 Years of Telecommunications Regulation," *Denver Journal of International Law and Policy*, Vol. 23, 1995, pp. 501 – 512。

也吸收利益相关的非政府组织。国际电信联盟秘书长充任国际电报电话咨询委员会的首席执行官。

二　国际电信联盟的平稳发展

1. 1994年京都全权代表大会

1994年，国际电信联盟京都全权代表大会出现了新变化，提出了很多新的举措。

首先，京都全权代表大会承认了电信规制快速变化的事实，并引入了私人行业参与国际电信联盟活动的机制。虽然国际电信联盟是一个政府间组织，但是部分成员国也希望关注持续增加影响力的私人行业，并进而设计更多的发展援助项目。作为一个服务于电信规制的国际组织，国际电信联盟应关注所有与电信规制相关的机构。因此，该次全权代表大会要求与更多的行业参与者进行磋商，进而确保国际电信联盟的工作对整个行业发展是有作用的。换言之，这要求国际电信联盟成为电信行业发展的平台。

其次，国际电信联盟承认电信是世界经济领域的一个重要方向，因此，国际电信联盟要适应新技术的发展，特别是要在电信领域与世界贸易组织进行沟通。例如，在管辖权协调层面，国际电信联盟与世界贸易组织应建立起有效的联络，避免产生不一致的决定或行为，并进一步维持国际电信联盟在全球治理中的重要性。在国际层面，国际电信联盟还探索和经济合作与发展组织、世界银行和联合国教科文组织的合作机制；在区域层面，国际电信联盟则探索与区域电信标准化机构、金融机构、发展组织相互协调的可能性。同时，该全权代表大会也要求国际电信联盟规则跟上国家电信政策、法律法规变化及全球贸易发展的步伐。

最后，国际电信联盟应更好地利用信息资源。国际电信联盟需要回应信息时代的要求，特别是在标准化、发展等方面产生了大量的信息。在培育国际电信联盟信息资源的同时，国际电信联盟也希望引入更多的行业成员方。

2. 1998年明尼阿波利斯全权代表大会

1998年，在美国明尼阿波利斯，国际电信联盟举行了一次全权代表大会。该次会议承认了引入私人行业进入国际电信联盟的必要性，并做出了一系列决定。国际电信联盟创设了行业成员这一新型的成员方，并赋予私人行业成员方一定的权利和义务。其也进一步给科研机构，特别是在存在共同利益的前提下，提供参与国际电信联盟活动的机会。

该次全权代表大会还采纳了召开信息社会世界峰会的建议，并决定由国际电信联盟承办此次峰会。在其他决定中，国际电信联盟也承诺在互联网领域从事更多的活动。当前，互联网已经成为一种全球通信方式，国际电信联盟应更多地关注互联网领域。

该次全权代表大会启动审查并修订国际电信联盟法律文件的程序，进而将全球性的、区域性的通信规制需求纳入其中。国际电信联盟还重申了通过国际合作促进世界和平与安全的目的和宗旨。该次全权代表大会还采纳了第99号决议，决定为一些代表提供观察员资格，并协调国家间的电码标准。同时，该次全权代表大会也确定了未来的目标，包括设定联盟的基本政策、五年战略和财政计划，并选举了秘书长、副秘书长等机构核心职员。

3. 2002年马拉喀什全权代表大会

2002年9月23日到10月18日，国际电信联盟在马拉喀什召开了全权代表大会。马拉喀什全权代表大会通过了国际电信联盟2004~2007年战略计划，要求国际电信联盟致力于消除国际数字鸿沟，并提供全面的、可交互的、可相互连接的网络服务。

该次全权代表大会还承认应使所有人都能以非歧视性的方式获得网络。该次会议做出了关于互联网域名管理的决定，并要求国际电信联盟在域名问题辩论上发挥更多的作用。

该次全权代表大会有来自158个国家的1859名代表参加，设定了国际电信联盟的基本政策，采纳了一个四年框架以及相关的财政方案来解决一系列结构性问题。同时，该次会议也重组了相应的组织机构，并选举了国际电信联盟的管理层及其相关的委员等。

4. 2006年安塔利亚全权代表大会

2006年国际电信联盟全权代表大会在土耳其安塔利亚举行，该次会议重新确认了国际电信联盟应该关注信息社会世界峰会的成果，该次会议的与会

国际电信联盟

代表也要求国际电信联盟持续地关注网络基础设施和网络安全问题。

该次全权代表大会通过了第146号决议，即要求重新审查国际电信联盟法律文件，以解决2012年将在日内瓦召开的国际电信会议的相关议题。同时，考虑到2006年联合国总理事会的决定，该次会议要求将5月17日定为世界电信和信息社会日。该次全权代表大会采纳了一系列行动计划，是国际电信联盟成员国决定该组织未来发展的重要会议。

5. 2010年瓜达拉哈拉全权代表大会

2010年，国际电信联盟第18次全权代表大会在墨西哥瓜达拉哈拉举行。该次会议有2022个注册参与者、167个国际电信联盟成员国以及42个行业的成员和观察者参加。该次会议达成一致意见，同意国际电信联盟在诸多领域发挥更大的作用。

国际电信联盟的目标是缩小数字鸿沟，同时通过分配资源、便利化登记程序，提高宽带资源的可获得性，以此执行信息社会世界峰会的成果。该次全权代表大会还探索了更好地利用信息通信技术控制气候变化和实现灾难预警的方式。同时，该次全权代表大会还讨论了设备之间的可交互性以及如何确保可交互性的问题。

该次会议最终达成了一系列关于互联网议题的核心协议。相关协议主要强调国际电信联盟应该与互联网团体进行合作，进而使互联网利益拓展至全球所有的利益相关方。

该次会议也同意了国际电信联盟2012～2015年战略计划，包括采纳了一个金融项目。此外，该次会议还通过帮助微型岛屿国家发展的特殊政策探讨推动最不发达国家信息科技发展等议题。

6. 2014年釜山全权代表大会

2014年，国际电信联盟在韩国釜山召开全权代表大会。此次为第19次全权代表大会。该次会议重新认可了国际电信联盟在全球电信和信息通信领域技术发展过程中的核心作用，也要求国际电信联盟强化现有的电信和信息通信技术，帮助成员国解决年轻人失业、全球性疾病等灾难暴发、宇航安全事故发生等问题。

该次全权代表大会有174个国家的代表参加。相关会议持续了三周，要求国际电信联盟发挥实现全球非歧视的信息和技术共享的作用。该次会议也进一步强调了国际电信联盟跨越现有工作障碍的必要性，以此来消除数字鸿沟、加速宽带连接，使国际电信联盟的战略和行动更环保，并为全球环境保护、灾害防范以及促进残疾人获得电信资源做出贡献。

该次全权代表大会还确定了诸多新的工作领域，包括未来世界无线电会议频率分配、电信与航空发展协同等。同时，该次会议还指出，在对抗埃博拉病毒和其他全球健康危机中，技术和通信设备应发挥更大的作用。

总体上，该次会议的主要成果包括以下六个部分。

第一，批准了2016~2019年战略方案以及金融计划。

第二，提出了"联通目标2020"决定。该决定设定了一个明确的共享目标，即为了电信和通信领域的未来发展，应实现对电信发展水平的有效评估。

第三，对互联网的核心问题进行修订。这包括进一步提升国际电信联盟对所有互联网的参与者的重要性问题。该次会议改变了国际电信联盟的传统工作方式，考虑通过物联网等新的网络方式，进一步促进国际电信联盟与互联网实践的结合。

第四，再次强调实现国际互联网连接的可负担性的必要性。互联网资源的可负担性是未来互联网发展的需要。

第五，设立了网络空间儿童保护工作组，明确了关于网络安全性和保密性的要求。

第六，维持了国际电信联盟的财政协议。该次会议没有对国际电信联盟的组织法和公约进行修订，维持了相应的财政安排。

7. 2018年迪拜全权代表大会

2018年，国际电信联盟在阿联酋迪拜举办第20次全权代表大会。有180多个国家的代表参加该次全权代表大会。该次会议重申了国际电信联盟致力于建立"相互连接的世界"之共同愿景。此外，会议指出，信息通信技术对于所有人都应是公共产品资源。因此，国际电信联盟也应致力于实现此愿景。

该次全权代表大会用行动回应了对国际电信联盟高级职员的性别失衡

的批评。其第一次选举一名女性作为该组织的五个最高管理层成员之一，这是该组织自成立以后153年内的第一次。同时，国际电信联盟的七名委员主席中，女性首次占据四席。会议还选择了一名女性担任无线电规制委员会委员，并有三名女性进入电信规制委员会。在所有参与者中，将近3/10是女性。

该次全权代表大会批准了国际电信联盟的战略方案和金融方案，并重申了国际电信联盟遵循的可持续发展目标，即实现增长、包容性、可持续性、创新性以及交互性的目标。

具体而言，该次全权代表大会解决了以下问题。

第一，为中小型企业营造以电信或信息技术为中心的创新环境。同时，其也要求为一些年轻的创业者提供更好的便利服务，使他们能够连接到国际电信网络中。

第二，认可了OTT（Over The Top，即通过互联网向用户提供应用程序）服务的重要性。OTT服务能够推动社会经济的发展，并且能够使电信运营者及应用服务提供者相互合作，孕育新的商业模式。

第三，要求推动物联网发展。除了物联网之外，其还要求推动可持续的智能城市建设，以此支持其可持续发展的目标。

第四，使国际电信联盟的工作与发展中国家的信息通信网络部署相互融通。

第五，提高了发展中国家在国际电信联盟标准化程序中的参与度，使发展中国家能够快速地发展数字经济业务。

第六，加强电信领域（特别是信息通信技术）对性别平等的努力。

第七，共同提高电信可获得性，特别是针对残疾人和其他需要特殊帮助的人员，通过可获得性的最佳实践推动相关信息和数据的联通。

第八，提出国际电信联盟儿童网络保护倡议。

第九，加强国际电信联盟在建立信息通信技术使用的保密性和安全性上的重要作用。

该次全权代表大会讨论了诸多重要的议题，包括但不限于可持续发展、技术创新、物联网发展、发展中国家利益需求、性别平等、儿童保护和网络安全等。下一次的全权代表大会拟于 2022 年在罗马尼亚召开。

总体上，作为全球最古老的国际组织，国际电信联盟持续性地在全球电信规制中发挥作用。国际电信联盟的诞生和发展也面临诸多挑战。20 世纪 80 年代，随着诸多国家电信私营化步伐的加快，国际电信联盟也需要进一步变革。1989 年尼斯全权代表大会、1992 年日内瓦全权代表大会特别会议等的讨论主题因应了时代的变化。发展中国家已经成为国际电信联盟的中坚力量，其有能力重新塑造甚至定义国际电信联盟。毫无疑问，经过 150 多年的发展，国际电信联盟有效地回应了时代的诉求，特别是跟上了技术发展的步伐，从某种程度上说，国际电信联盟的发展历程也是国际电信技术的发明史、国际政治格局的发展史、国际经济力量的发达史。

第四节 国际电信联盟与主要大国的关系

在法国巴黎设立的国际电信联盟最初被视作"以欧洲国家为中心"的机构，随着第二次世界大战的爆发，美国逐渐成为国际电信联盟的主导者。自 2001 年以来，新兴国家在国际电信联盟的话语权和影响力不断增大。国际电信联盟的发展历程体现了不同时期主要大国在国际政治和经济领域中的博弈。

一 国际电信联盟的"欧洲中心"时期

1865 年，国际电报联盟的首次会议在法国巴黎举行。尽管国际电报联盟已成立，但欧洲彼时爆发的战争深刻影响着国际电报联盟的发展进程。由于普奥战争中普鲁士获得胜利，维也纳主办了第二次国际电报会议并将国际电报联盟总秘书处定在瑞士伯尔尼。由于 1870～1871 年德国被法国打败，1871 年 12 月在罗马召开的国际电报会议上，各国之间关于电报税费等问题的分歧加剧。作为国际电报联盟的非成员方，美国在 1871 年罗马国际电报会议上呼吁战时状态的电报"线路中立"（network neutrality）。1875 年，新一次国际电报会议在俄国圣彼得堡举行。当时，欧洲各国探索在欧洲之外布置电报线路，俄国则希望其成为连接欧洲和亚洲的"通道"。更重要的是，俄国试图借由参加联盟活动介入并参与欧洲事务。①

截至1914年，国际电报联盟在组织结构上出现两个重要改变。其一，成员国逐渐增多，更多国家的电报系统与欧洲电报系统相连。在第一次世界大战前，国际电报联盟已有48个成员国，包括欧洲、非洲、拉丁美洲和亚洲国家。其二，更为重要的是，国际电报联盟增加了国际咨询委员会，并允许私营企业代表参与联盟的重要活动。②例如，在罗马国际电报会议上，共有10个大型私营企业全面参与了会议活动。

1914~1918年的第一次世界大战影响了欧洲国家和美国的综合实力格局。对于美国而言，其认为无线电应采取与电报不同的规制方式，私人企业不应该被许可从事无线电相关业务。美国参加了1903年在德国柏林举行的国际电报联盟的活动。1927年，国际无线电会议在美国华盛顿召开，确定了分配全球无线电频率的基本原则，然而美国无线电机构反对美国加入国际电报联盟。1932年，为满足美国企业的要求，国际电报联盟修改了成员资格规则，允许企业在技术标准形成中发挥更积极的作用。例如，美国反对国际电报联盟与国际无线电联盟的融合，其指出，美国电报和电话通信由私人企业运营，它们反对其他国家存在的政府垄断行为，并且不愿意接受固定费用制度。在讨论中，美国提出只愿意接受无线电法规，然而，苏联则要求所有成员方必须遵循电报、电话与无线电的法规。③尽管美国并没有成为国际电报联盟的成员国，但是美国代表团在无线电法规等的制定上发挥了重要的作用。

在第二次世界大战前，美国长期质疑国际电信联盟作为全球规制者的作用。美国甚至提出由新的超国家机构取代国际电信联盟。然而由于欧洲

---

① 参见 Marsha Siefert, "The Russian Empire and the International Telegraph Union, 1856 – 1875," in Gabriele Balbi and Andreas Ficker, eds., *History of the International Telecommunication Union* (Berlin: De Gruyter Oldenbourg, 2020), pp. 15 – 37。

② 参见 George A. Codding Jr., "Evolution of the ITU," *Telecommunications Policy*, Vol. 15, 1991, p. 272。

③ 参见 George A. Codding Jr., "Evolution of the ITU," *Telecommunications Policy*, Vol. 15, 1991, p. 276。

第一章　国际电信联盟的历史沿革

国家和英联邦国家的强烈反对，美国的提议未被接受。二战后，作为妥协，国际电信联盟成为联合国系统内的专门机构。

二　国际电信联盟的"美国中心"时期

第二次世界大战的爆发一度中止了国际电信联盟的发展。1947年，在美国大西洋城全权代表大会上，以私营企业为主体的美国电信行业模式成为其他国家追随的模式。虽然美国于1908年批准了国际无线电公约，但是其直到1949年才批准电报和电话公约。自此，美国获得了国际电信联盟的主导者地位。20世纪50年代以来，随着全球去殖民化的兴起，大量新独立的亚洲国家和非洲国家成为国际电信联盟的成员国，其改变了国际电信联盟由工业国所主导的情形。新加入的成员国呼吁国际电信联盟关注发展议题。1960年，国际电信联盟成了一个具有诸多行政职能的发展机构。自20世纪70年代起，国际电信联盟不仅成为技术规则谈判与磋商的场所，也成为践行联合国发展援助计划的机构。同时，在美国的持续推动下，20世纪80年代至90年代，新西兰、日本、加拿大、澳大利亚和欧盟国家纷纷将其国营的电信行业私营化。1998年，修订后的《国际电信联盟公约》更是明确指出"互联网发展的本质是市场导向的，并由私人和政府行为推动"。

然而在这一时期，国际电信联盟也遭遇到两大挑战。其一，在从电报和电话时代转向互联网通信时代时，国际电信联盟于1976年基于虚拟线路推出数据传输协议（X25协议），而非支持ARPANET所通过的TCP/IP协议。但TCP/IP协议随后成为20世纪90年代的互联网基础协议。随着电信商业的发展，与电信相关的谈判部分转移到世界贸易组织中。其二，由于美国的干预，国际电信联盟在1996年竞选国际域名系统管理权中落败。2016年，美国通过ICANN控制国际域名系统。[①] 上述挑战在一定程度上减缓了国际电信联盟在互联网时代的发展步伐。

[①] 参见Dwayne Winseck, "Is the International Telecommunication Union Still Relevant in 'the Internet Age?' Lessons From the 2012 World Conference on International Telecommunications (WCIT)," in Gabriele Balbi and Andreas Fickers, eds., *History of the International Telecommunication Union* (Berlin: De Gruyter Oldenbourg, 2020), pp. 135-169。

国际电信联盟

三 国际电信联盟与金砖国家

2001年以来,金砖国家(巴西、俄罗斯、印度、中国和南非)在国际政治经济治理体制中发挥了重要的影响力。金砖国家呼吁国际电信联盟在互联网治理中发挥更积极的作用。然而,上述主张被以美国为首的西方国家所批评。美国知名企业AT&T、谷歌等长期游说国际社会放宽对互联网的规制。上述立场的冲突集中体现在2012年的世界国际电信大会上。虽然有89个国家同意修订《国际电信规则》,然而美国、澳大利亚、加拿大、日本和28个欧盟成员国等共55个国家反对。俄罗斯提倡通过国际电信联盟协调各国对互联网的管制,美国则公开指责国际电信联盟已沦为某些国家推销封闭式互联网治理模式的工具。20世纪90年代以来,随着中国加入国际互联网,中国在国际电信联盟中的作用逐渐凸显。中国在国际电信联盟中坚定支持多边主义,广泛参与国际电信联盟的磋商和讨论。[①]

然而当前,随着美国单边主义政策的推行以及美国大型网信企业的游说,国际电信联盟在国际网信领域的作用相对减弱。但毫无疑问,国家相互依赖,世界需要合作。作为联合国历史最悠久的国际机构,国际电信联盟需要也必须在国际电信领域发现并培育新的合作增长点,不断促进并推动不同文化历史传统、经济发展条件、政治制度体制的国家及多元利益相关者开展通力合作。

---

① 参见本书第五章。

第二章

国际电信联盟的性质与职责

国际电信联盟的目标为以有效的电信业务为基础，不断促进各国人民之间的和平联系、国际合作和经济及社会的发展。在实践中，国际电信联盟的主要业务包括无线电通信业务、电信标准化业务以及电信发展业务。目前，国际电信联盟以《国际电信联盟组织法》《国际电信联盟公约》等法律法规为核心，构建出一套旨在实现国际电信互联互通的法律机制。

第一节 国际电信联盟在信息通信领域的功能

国际电信联盟诞生和发展的基础是科学技术的发明。国际电信联盟的宗旨与目的之一是确保信息的跨境传输。其要么通过铺设电缆的方式，要么通过无线的方式进行传输，实现信息流动。信息流动需要有形载体（通信设备）的支撑。回溯历史，每一次信息科学技术的发展都推动了通信设备的发展，也提高了信息传输的效率。

一 国际电信领域的发明创造

1. 通信技术的分类

近代以来，一个重大的技术创新成果为计算机的发明，由此，电信服务开始以编码的方式进行跨境传输。本质上，信息传输的模拟化与数据化是不同的技术手段。例如，在电话传输过程中，所有的言语必须从电话线的一端说出，通过电路传输，被电话线的另一端所接听。声音信号被转化

国际电信联盟

为电信号直接通过电线在发出者和接收者之间传输。在接收者的终端信号中，一个小型的语音扩大器使电信号转化为声音信号。换言之，声音信号会随着发出者的变化而变化，通过声音信号甚至能觉察出发出者所处的环境。这个过程被称为模拟化。[1]

与此同时，在实践中，信息通信也开始使用编码化的技术。以莫尔斯电码为例。在传输过程中，所有的信息都被解构为编码符号。所有的信号都被数字化，成为电子化的符号，而并非以模拟化的方式存在。电子传输的方式仅仅体现为 0 和 1 的数字。编码化的信号传递比虚拟式的信号传输更少受到环境的干预。计算机的发展使得其能够解码信号。例如，字节可以一种无可比拟的速度进行传输。因此，编码化的信号传输成为当前极为重要的信息传输方式。

2. 模拟化的通信技术

一是电传。在 19 世纪初期，电力资源通过线路进行传输。1832 年，美国的莫尔斯提出通过电路传输信息的设想。1835 年，莫尔斯设计出使用顿号、逗号等来代表信息的书信形式。莫尔斯电码嵌入电路中虽然使用范围有限，但已经代表了电报未来的发展方向。第一条电报线于 1843 年在美国投入使用，1844 年 5 月 24 日，该电报线成为可公共利用的资源。其后，电信体系不断在诸如道路、铁路等设备上扩大使用范围。1866 年，跨大西洋电报电缆开始运行。同时，与电报相关的设备不断出现，如电报打印机等。这反过来也推动了电报技术的创新发展。

二是电话。电话是一种可以传送与接收声音的通信设备。在 19 世纪初期，科学家发现声音存在震动性。1831 年，有科学家将震动引入电路。但是，电话的出现要归功于亚历山大·格拉汉姆·贝尔，他第一次将声音信号转化为电信号，并通过实物的方式向公众展示。同时，贝尔与托马斯·沃森合作设计开发了第一台实用电话。1876 年 3 月 7 日，美国专利

---

[1] 参见 Jan M. Smits, *Legal Aspects of Implementing International Telecommunication Links: Institutions, Regulations and Instruments* (Dordrecht: Martinus Nijhoff Publishers, 1991), p. 13.

第二章 国际电信联盟的性质与职责

局授予了贝尔关于电话的专利。该专利涉及在电路中通过不同的接收者进行传输，即通过声音扩大器放大传输过程中的声音，进而使信息的远距离传输成为可能，电话由此产生。由于电报需要在固定的地点之间进行联通，而电话可以使用户进行即时性的联络，电话商业化应用的速度非常迅猛。

在电话通信中，电话线成为一个核心问题，是确保信息相互联通的基础。1878年，转换器被发明，截至1887年，美国共有15万个用户接入743个主要的电话交换机以及444个专用的电话交换机中。此后，美国不断扩大电话线的长度。更大的技术进步发生在1906年，一位科学家发明了电话信号放大器。1915年，电话信号放大器技术已成熟。该技术推动了电话在美国的进一步发展。由于该技术不受远距离影响，之后的数十年间，放大器技术的发展使电信网络不断壮大。在20世纪80年代，由于使用激光技术以及利用光波（而非电脉冲）在电缆中传输信号，电缆通信的能力大幅提升。

三是无线电。1880年前后，德国科学家赫兹发现了电场和磁场，也就是电磁转换的可能性。由于电磁相互作用提供了一个快速的、廉价的信息沟通方式，无线电技术得以迅速发展。无线电技术不需要线路传递信息，无线电传播也无须和实物进行物理接触，这使移动通信成为可能。无线电技术发展突飞猛进，特别是意大利当时建立了北大西洋无线电传输机制。在无线电传输的早期，如果两个发出者使用相同的频率，那么接收者将不能区分两个无线电信号的来源。为了区分两种无线电信号，发出者必须使用不同的频率，即利用不同的空间宽带。该空间宽带被称为无线电频谱，其对无线电传输具有重要意义。

无线电频谱的特点是可以被使用但不能被消耗。在使用和传输过程中，无线电频谱可以反复地被利用。无线电频谱具有如下特点。第一，当两个发出者在同一时间、同一地点利用相同的频率时，接收者无法核实发出者。第二，所有人在所有地方都可以使用无线电频谱。因此，其本质上是公共资源。第三，无线电频谱可作为有线电缆的替代物。第四，无线电频谱资源有可能因使用不当而被浪费。第五，无线电频率会受到不同电力设备的干扰，特别是容易受到电报发送的干扰。①

20世纪30年代，大范围的频率宽带使得无线电播报成为可能。20世纪50年代到60年代，先进的技术提高了对更高频率的频谱的利用率，微波也逐渐被使用。由于信息的编码技术、监测技术变得更加复杂，相同频率的宽带能在相同地点、相同区域进行传输而不被干扰。从某种程度上来说，技术的发展提高了无线电利用的潜力，使得作为自然资源的无线电频谱得到有效利用。

四是电视。电视利用无线电频率技术传输图像。电视的概念最早可追溯到19世纪后期。1875年，乔治·卡瑞在波士顿提出了一套将图像分为栅格形式的电视系统，其建议通过线路传输同步声音与图像。现代的电视技术原理则是在1908年由工程师坎贝尔·斯温顿提出的。图像传输使用了无线电方式，其需要一个更大幅度的频率宽带。同时，电视也需要一些播报设备的支持。若使用更大范围的无线电频率宽带，电视图像的质量将更好。因为在当时，诸如航空、航天、航海以及政府紧急服务和军事活动等也需要使用相同的频率，所以在实践中，只有少数的频率能够在既定的场所中被电视使用。

3. 电子化的通信技术

电子化的通信技术的特点是在通信领域引入数字化技术，这需要计算机等设备的辅助。数字化技术涉及计算机与通信设备相互关联的技术。其进一步提升了电信传输的能力。当然，进入电子化时代，并不必然意味着模拟化技术的消失。模拟化技术仍大范围地运用于本地传输过程。上述两种类别继续共存，并构成国际电信领域的主要规制对象。电子通信技术至少包括三种设备：一是传输的设备，使信号能够通过电缆或无线电等方式，从发出者传导至接收者；二是转换的设备，其必须连接前端和终端；三是终端设备，使信号通过电话或计算机等方式被接收。

---

① 参见 Jan M. Smits, *Legal Aspects of Implementing International Telecommunication Links: Institutions, Regulations and Instruments*（Dordrecht: Martinus Nijhoff Publishers, 1991）, pp. 13 – 28。

第二章　国际电信联盟的性质与职责

根据劳伦斯·莱斯格关于互联网的经典论述,互联网自上至下分别由内容层、规则层和物理层组成。[1] 更为复杂的分类包括六个层次,具体为内容层(通信所使用的符号和图像)、应用层(互联网所使用的程序)、传输层(将数据打乱后装包的场所)、互联网协议层(处理网络中的数据流动)、连接层(实现用户电脑和物理层之间的交互)、物理层(电缆、光纤等)。[2] 上述层次是按照互联网的垂直等级进行布局的。当信息通过互联网进行传输时,信息从内容层("最高"层)通过应用层、传输层、互联网协议层和连接层向下流动至物理层("最低"层);通过物理层的打包,信息则以相反的顺序流动。互联网通信要求内容被应用程序电子化,且电子数据最终在传输层进行再分包,并达到互联网协议层,进而通过连接层进入物理层。达到最底层后,信息一般进行水平流动。物理层经由铜线、光纤或无线电,通过不同的节点将数据包传输至网络的终点或目的地。只要到达其目的地,信息将垂直向上通过各层,进而被应用程序以内容的形式解读。[3]

目前,国际电信活动越来越受到数字化线路的影响。数字化线路能够增加通信的速度,提高传输质量。因此,虽然有线的电缆及其相似产品逐渐被微波、卫星和光纤取代,但是有些特别的电缆仍无可替代。例如铜电缆,其在 21 世纪的通信中仍发挥着巨大的作用。铜电缆在本地电信控制中心、规模较大的金融机构等仍大量使用,因为其传输具有稳定性和连贯性,对资本市场的稳定性提供了技术支持。

20 世纪后期以来,通信领域的两大发展是卓有成效的,一个是光纤技术,一个是卫星技术。[4] 光纤是在两个点之间进行传输的技术,其使用

---

[1] 参见 Lawrence Lessig, *The Future of Ideas: The Fate of the Commons in a Connected World* (New York: Random House Inc., 2001), p. 23.

[2] 参见 Lawrence B. Solum, Minn Chung, "The Layers Principle: Internet Architecture and the Law," *Notre Dame Law Review*, Vol. 79, 2004, p. 816.

[3] 参见 Lawrence B. Solum, Minn Chung, "The Layers Principle: Internet Architecture and the Law," *Notre Dame Law Review*, Vol. 79, 2004, pp. 816–817.

[4] 参见 Martin A. Rothblatt, "ITU Regulation of Satellite Communication," *Stanford Journal of International Law*, Vol. 18, 1982, pp. 1–26.

国际电信联盟

的是新的光波。此光波以高速度进行传输。在20世纪60年代,由于人类实现了利用高频的技术突破,通过卫星网络进行的无线电通信更具有灵活性,其可利用的容量也相应增大。计算机及其存储设备融合了不同通信渠道,例如电话与计算机数据的相互交互传输。

电子化通信具有三个重要的特征。第一,在技术性层面,高速复杂的编码和转换技术可以在计算机设备中实现。第二,在运营层面,公众可以非常方便地、平等地和廉价地获得电信的传输能力。第三,因为数字技术的发展,很多通信设备呈现一体化、融合化的发展趋势。例如,电话、电视和计算机数据处理可以合并为一台设备。此种融合不仅仅是技术性的融合,还是功能性的融合。由于小型计算机和通信设备共享存储、转换和传输技术,融合产品在功能上也进行交融,促使通信系统转换更多的信息。当进行电子传输时,不同的信息来源的界限也逐渐模糊。[1] 电信一体化(例如三网融合)技术的发展也不断促使通信和其他服务相互融通。

为进一步分辨终端信号的来源,国际标准化组织(International Organization for Standardization, ISO)开发了一套简明的互联互通模型,该模型是发挥基础作用的推荐模型,也是一套促进开放的相互连接系统。该体系是开放的。只要符合相关标准,其就能够在开放的体系内进行相互沟通。个人可以通过一个终端使用位于不同地点的两个或多个电脑。在该系统中,所有的分支系统都被称为层。一个独立的系统可分成多种相似的层。如前所述,信息从内容层到应用层,再转移到物理层,这使信息技术发展成为可能。

国际商业通信体系也需要进一步融合,其包括国家银行和其他金融机构等。国家商业机构在短时间内需要大量的处于不同地区的数据,这些数据的传输依赖于高效的信息传输设备。由于国家公共网络的频率和范围有限,诸多私人数据通信企业也参与其中,大多提供点对点的信息传输,特

---

[1] 参见 Jan M. Smits, *Legal Aspects of Implementing International Telecommunication Links: Institutions, Regulations and Instruments* (Dordrecht: Martinus Nijhoff Publishers, 1991), pp. 13 – 28。

第二章　国际电信联盟的性质与职责

别是便利母子公司或总分公司之间的信息传输。私人机构参与的优势是保证其提供的网络符合终端用户的特定需求。此类公共和私人数据发展的需要进一步推动了通信技术的发展。

因此，对于信息通信而言，在某种程度上，以声音为导向的模拟化技术将会被以数据为导向的电子化技术取代。不管是使用声音、图像还是数据传输，几乎所有的服务都能融合到一个单独的网络中。电话及其技术发展使得通信更加便捷，而计算机、卫星和光纤则颠覆了传统通信技术原理，使得通信的技术边界不断被打破。

此外，电子数据还包括通信回路问题。19世纪后半期和20世纪初期，跨大西洋的电话线大量涌现，其通信需要海底电缆支持。当时，海底电缆主要集中于英国电话公司，这意味着英国电话公司不仅可以收集国内电话系统的连接点，还可以收集其他国家使用者的连接点。随着高频率无线电传输的引入，无线电连接点的所有权也发生变化，不再被单一承运人所拥有或控制，国内的传输和接收无线电的承运人也主张相应的控制权。由于美国和欧洲国家担心国家安全和无线电频谱限制等问题，它们都不愿意授予非本国的承运人无线电许可证。1956年，第一条跨大西洋电缆以联合的方式进行营运，主要由英国邮局和其他企业联合进行建设并运营。随后，7条跨大西洋电缆被铺设，进而服务于国际电信。[①] 20世纪60年代，人造卫星逐渐投入使用。由于轨道空间等属于国际公共资源并且其外层空间为人类共同财产，确保对公共资源和共同财产有序且有效的利用也是国际电信联盟应对电信技术变化的重要任务。

二　国际电信联盟在信息通信领域的作用

自1865年以来，国际电信联盟已成立150多年。在150多年的时间里，国际电信联盟一直处于全球通信领域技术发展的时代潮流中，不管是在电

[①] 参见 Jan M. Smits, *Legal Aspects of Implementing International Telecommunication Links: Institutions, Regulations and Instruments* (Dordrecht: Martinus Nijhoff Publishers, 1991), pp. 28-29。

国际电信联盟

报、电话时代,还是在卫星、智能手机和互联网技术不断涌现的当下。从某种程度上说,国际电信联盟的历史是一部政府、企业以及其他利益相关方在电信领域共同合作的历史,也是一部电信技术发展与协调的历史。

1. 电报

在过去,最为便捷的长距离信息传输方式是马车。1792年,一个名叫克劳德·夏普的法国机械师发明了一种叫作"旗语信号"的托架式信号装置。随后,法国政府建立了数个信号站。该发明推动了电力的革命。1839年,世界上第一台商用电报服务机器在英国伦敦诞生,这一成就归属于查尔斯·惠斯通。1844年,美国塞缪尔·莫尔斯用新的模式——电码传输了第一份电报。1843年,亚历山大·贝恩在英国发明了传输信号的传真机。由于有线电报必须在国家之间的诸多城镇进行联通,1850年开始,英国和法国开始铺设海底电缆,数月之后,常态化的电报服务才被建立。1858年,第一条跨大西洋电报电缆被铺设。当时,当这些电路从一国传导到另一国时,信息传输就会停止,因为相关的信号必须转换为另一个国家的传输规范。为了解决信息转化所带来的低效率问题,区域国家之间召开电信会议,由此区域性的协定逐渐成形。在巴黎,有20多个欧洲国家派代表参加国际电报会议,以寻求解决方案,使信息传输便捷化、电报设备标准化、指令规范化,并试图设计共同的国际关税以及计算和会计规则。

1865年5月17日,各国在巴黎签署了《国际电报公约》。当时,共有20个创始成员方。国际电信联盟的前身——国际电报联盟得以建立,其目的在于监督《国际电报公约》的修订事项。为纪念国际电信规范的诞生,国际电信联盟于2006年在安塔利亚召开的全权代表大会将5月17日定为世界电信和信息社会日。

2. 电话

1876年,电话技术的发明及专利化使通信传输具有更大的量级,电信业因此得到进一步发展。1885年,当柏林举行国际电报会议时,国际电报联盟开始对国际电话业务规则进行研究,对电话通信进行国际立法。其中,在电话领域,由于资源匮乏,电话的基础单元被设置为5分钟,电话最长时限被规定为 10 分钟。然而电话通信需要电话线,如果电话线无法到达目的地,比如目的地是在航行过程中的船舶,又该如何进行电话通信?该问题在无线电技术出现后得到解决。

3. 无线电

19 世纪 80 年代,英裔美国人大卫·爱德华·休斯在伦敦皇家学会上证明了无线信号的存在。随后,尼古拉·特斯拉等科学家开展了一系列研究实验,终于发明无线电通信。自此,无线电报诞生,并且其信号幅度不断增加。1901 年,有科学家使用单向的无线电完成了信号的跨大西洋传输。关于人类声音传输的实验则于 1900 年由费森登在美国华盛顿成功完成。1906 年,费森登还发明了无线电广播,使得公众能够收听来自远方的声音。

然而,无线电传输也面临与电话线传输一样的问题。1902 年,普鲁士亨利王子完成对美国的访问后回国途中,在穿过大西洋时,试图从船上向美国国内传输一则善意的消息,然而,该消息被美国地面站台拒收。其理由为船舶上的无线电设备不符合美国设备要求。由于此次事件,柏林于 1903 年举办了无线电会议,旨在建立关于无线电、电报传输的国际法规。第一次国际无线电会议于 1906 年在柏林举行,29 个国家的代表参加了该次会议。

1906 年,第一次国际无线电会议决定在国际电报联盟总部机构内成立无线电部门并于 1907 年 5 月 1 日正式运营。第一次国际无线电会议还制定了《柏林国际无线电公约》。公约包括专门的无线电法规,该法规在嗣后会议中不断得到修改完善。上述法规包括如何使用有限的无线电频率等资源的规定,还有卫星轨道必须由各国共享等规则。

第一次国际无线电会议决定确立"SOS"作为国际海事灾害预警呼叫信号,这也成为通信领域实现人道主义救济的尝试。由于 1912 年"泰坦尼克号"的沉没,无线电救助机制进入公众视野。在"泰坦尼克号"悲剧发生后的数月内,国际无线电会议在伦敦举行,确立了关于船舶无线电灾害信号的共同播报频率。同时,所有的船舶都被要求遵守在特定间隔时间里维持无线电沉默的规定,以确保传播操作者能够听到预警信号。

国际电信联盟

随着第一次世界大战爆发，国际电报会议一度中断。1925年国际电报会议在巴黎举行，在此之前，国际电报联盟没有召开任何国际会议。国际电报联盟于1924年成立了国际电话咨询委员会，于1925年成立了国际电报咨询委员会（International Telegraph Consultative Committee，CCIT）。1927年，国际无线电会议在华盛顿举行，成立了国际无线电咨询委员会。上述三个委员会协调通信技术领域的研究，并在国际电信领域以专家治理的方式建立国际标准。1956年，国际电话咨询委员会和国际电报咨询委员会合二为一，成为国际电报电话咨询委员会。该委员会成为国际电信联盟电信标准化部门和无线电通信部门的前身。

自1920年开始，各国对无线电的使用逐渐增多，不仅无线电传播更有效率，其传播的质量也得到提升。1927年，在华盛顿举行的国际无线电会议发布了不同的无线电服务频率，包括固定频率、海底电缆频率以及航空频率等，使得无线电的全球利用更有秩序。

4. 电视

1925年，英国科学家约翰·洛吉·贝尔德在伦敦的一次实验中"扫描"出木偶的图像，这被看作电视诞生的标志。十年后，贝尔德的电视系统被更为先进的电子电视系统超越。该系统是在美国发明的，使用了卡尔·费迪南德·布劳恩在28年前创造的阴极射线管。20世纪20年代后期，低分辨率的电视播报技术不断发展。但是直到第二次世界大战后，新设备才逐渐被使用。国际电信联盟在1949年第一次发布了电视技术的标准。在其后数十年内，共有超过150个技术标准被公布，进而使得在全球范围内传输高质量的图像成为可能。

截至2019年11月，国际电信联盟的标准覆盖了所有类型的声音和图像播报，包括多媒体和数据传输。1983年和2012年，国际电信联盟制定国际播报标准的基础作用被美国电视艺术和科学学会所认可，并因此获得艾美奖。国际电信联盟与国际标准化组织和国际电工技术委员会（International Electrotechnical Commission，IEC）合作制定的视频编码标准，还获得了电视艺术与科学学会颁发的两项黄金时段艾美奖。第一个奖项于2008年颁发给国际电信联盟H.264/MPEG-4高级视频编码（AVC），第二个奖项于 2017 年颁发给高效视频编码（HEVC）。[1]

5. 卫星

1957 年 10 月 4 日，人类的空间时代拉开序幕。苏联发射了第一颗世界性的人造地球卫星——斯普特尼克 1 号。不久之后，卫星被用于通信行业。1960 年，美国也制造了 1 号卫星。1962 年，法国、英国和美国共同制造了新 1 号电信卫星。这是第一个直接用于通信的卫星，具有转播通信功能。1962 年 7 月 23 日开始，在大西洋两边的观众可以同一时间收看实时的电视节目。通信卫星的功能在于进行实时信息追踪。为了更好地服务通信需求，"对地静止卫星"概念被提出。如前所述，这最初在 1945 年由克拉克所构想。1964 年，经过一系列对地静止卫星实验后，第一个对地静止卫星出现了。

然而，与无线电频谱一样，对地静止轨道本身是有限的自然资源。其必须能够被公正地共享，并且任何一个国家的使用必须以不干涉其他国家的方式进行。[2] 1963 年，国际电信联盟举办了一次关于空间通信的特殊管理会议，该次会议分配了不同设备的频率，其后会议进一步规定了卫星轨道使用的法律规范。

卫星还能够提供导航服务，这也是手机通信服务所必不可少的。1992 年，国际电信联盟首次为满足采用非对地静止卫星的新型业务的需求进行了频率划分，以服务于全球卫星移动个人通信（Global Mobile Personal Communications by Satellite，GMPCS）业务。国际电信联盟同时也考虑到宇航员及其他空间科学家的需求，特别是对地球气候预报、生态监测以及地球灾难预警系统等的需求。

6. 互联网

计算机本质上是帮助人类运算的设备，现代计算机的原型最早可以追

---

[1] 参见《世界电视日：国际电信联盟庆祝电视标准工作开展 70 年》，联合国，https://news.un.org/zh/story/2019/11/1045971。

[2] 参见 Lawrence D. Roberts，" A Lost Connection: Geostationary Satellite Networks and the International Telecommunication Union," *Berkeley Technology Law Journal*, Vol. 15, 2000, pp. 1095 – 1144。

国际电信联盟

溯到19世纪早期。1834年，英国数学家、发明家查尔斯·巴贝奇设计了分析机。由于当时技术尚未突破，计算机直到第二次世界大战期间才得到较为迅速的发展。计算机发展的重要时刻是1946年。当年第一台计算机问世。1947年，晶体管被发明。然而，计算机直到与互联网结合后，才催生了颠覆性的技术革命。

1969年，美国国防部创建了第一个分组交换网络——ARPANET。1971年，美国程序员雷·汤姆林森首次以电子方式从一个网络向另一个网络发送信息，即人类历史上第一份电子邮件。1989年，欧洲核子研究组织的科学家蒂姆·伯纳斯·李构造了一个分配式的超文本系统，即所谓的"万维网"。随后，与万维网相关的软件逐步发展。1993年4月30日，欧洲核子研究组织宣布万维网对所有人免费开放。

作为互联网中最重要的服务形式，万维网搭载着众多设备和通信的基础设施，其必须进行相互协调。全球互联网的发展需要国际电信联盟制定统一的技术标准。如果没有国际电信联盟的推动，如今我们就难以使用国内外的诸多电信资源。实际上，调制解调器、宽带设备、传输技术标准、互联网协议的交互性以及互联网地址的协调性等都涉及国际电信联盟的标准设定功能。目前，全球超过1/3的人频繁地使用互联网。未来，随着物联网技术的发展，互联网将产生巨大的社会和经济价值。其中，政策性协调仍是互联网发展面临的重要难题。

在信息社会世界峰会中，国际电信联盟反复强调，其将推动所有利益相关方携手解决网络安全、儿童网络保护等问题，着力推动实现互联网的多元化，保护消费者的隐私等，并进一步提高基础设施投资，实现互联网的国际联通。毫无疑问，确保互联网为所有人开放成为国际电信联盟未来的使命。

7. 手机

在现代社会，电信技术的核心是促进人与人的相互连接。电信领域已经进入移动手机或移动互联网时代。1973年，美国摩托罗拉公司的工程技术人员马丁·库帕发明的摩托罗拉 Dyda TAC 8000X 问世，这是第一个手持式的电话，即大哥大。1979年，商业化的移动网络在日本投入运营。

第二章　国际电信联盟的性质与职责

1981年，北欧的一些国家也开始运营移动网络。

　　手机技术的创新逐渐进入快速发展期。1991年，芬兰提出"第二代手机通信技术"（2G）概念，以替代早期技术。在2G时代，1993年，在世界无线电通信大会上，国际电信联盟同意无线电频率的分配。然而，随着手机技术的进步，诸多国家存在各异的手机系统。为协调不同的系统，2000年，国际电信联盟举行会议批准了3G系统的技术规则。这是手机系统第一次在全球层面实现全面可交互，开启了无线设备发展的新时期。在此技术规则中，无线设备可处理语音、数据和网络连接相关问题。2012年，在日内瓦召开的世界无线电通信大会就第四代移动技术规范（IMT-Advanced）达成了一致，该标准旨在建构可交互的手机服务功能。截至2019年，全球手机用户51.1亿人，网民43.9亿人，并且未来将有更多的人选择智能手机及设备以与互联网相连。当前，国际电信联盟关于5G的相关标准也正在探索和制定中。

第二节　国际电信联盟的宗旨、主要业务与基本任务

一　国际电信联盟的宗旨

　　国际电信联盟以构建有效的电信业务为基础，不断促进各国人民之间的和平联系、国际合作和经济及社会的发展。[①] 国际电信联盟的根本作用在于促进和便利国际电信发展。国际电信联盟旨在通过提供全球协作和合作的场合、标准制定场所、频谱管理组织，并通过频率、光波协调以避免对世界各国电信活动造成有害干扰来促进国际电信的发展。虽然国际电信联盟一以贯之地履行其职能，但是由于客观技术的发展以及国际格局的变化，国际电信联盟需要不断完善基础架构、修订法律法规，以服务电信行业。

　　具体而言，国际电信联盟的宗旨主要体现在以下四个方面。

---

① 参见《国际电信联盟组织法》序言。

33

国际电信联盟

第一，在国际合作层面，保持和扩大所有国际电信联盟成员国之间的合作，以改进和合理使用各种电信资源；促进和加强各实体和组织对国际电信联盟活动的参与，并促进它们与成员国之间建立富有成果的合作和伙伴关系，以实现国际电信联盟宗旨中所述的各项总体目标。国际电信联盟还在电信领域促进和提供对发展中国家的技术援助，并为落实这一宗旨而促进物质、人力和财务资源的筹措以及信息的获取。

第二，在电信发展层面，促进技术设施的发展及最有效的运营，以提高电信业务的效率，增强其效用并尽量使之为公众普遍利用；促使世界上所有居民都得益于新的电信技术。

第三，在国际和平层面，推动电信业务的使用，增进和平。

第四，在协调行动层面，协调各成员国的行动，促进在成员国和部门成员之间建立富有成果和建设性的合作和伙伴关系；并通过与其他世界性和区域性政府间组织以及那些与电信有关的非政府组织的合作，在国际层面促进从更宽的角度对待全球信息经济和社会中的电信问题。

为了实现上述四个目的，《国际电信联盟组织法》第1条还规定了国际电信联盟的职能，具体如下。

第一，实施无线电频谱的频段划分、无线电频率的分配和无线电频率指配的登记，以及空间业务中对地静止卫星轨道的相关轨道位置及其他轨道中卫星的相关特性的登记，以避免不同国家无线电台之间的有害干扰。

第二，协调各种努力，消除不同国家无线电台之间的有害干扰，改进无线电通信业务中无线电频谱的利用，改进对地静止卫星轨道及其他卫星轨道的利用。

第三，促进全世界的电信标准化，实现令人满意的服务质量。

第四，借助所掌握的一切手段，包括酌情通过参加联合国的有关方案和利用自身的资源，在向发展中国家提供技术援助和在发展中国家建立、发展和改善电信设备和网络方面促进国际合作和团结。

第五，协调各种努力，使电信设施，尤其是采用空间技术的电信设施得以和谐发展，并尽可能充分利用它们。

第六，促进成员国与部门成员之间的合作，以便制定与有效服务相对称的尽可能低廉的费率，同时考虑到维持良好的独立电信财务管理的必要性。

第七，通过在电信业务上的合作，促进各种保证生命安全的措施得以采用。

第八，对各种电信问题进行研究，制定规则，通过决议，编拟建议和意见，并收集与出版资料。

第九，与国际上的金融和开发组织一道，促进优惠和有利的信贷额度的建立，用于发展具有社会效益的项目，特别是那些旨在将电信业务扩展至各国最闭塞的地区的项目。

第十，促进有关实体参与国际电信联盟的活动，并加强与区域性组织和其他组织的合作，以实现国际电信联盟的宗旨。

二 国际电信联盟的主要业务

根据国际电信联盟的组织机构可知，当前，国际电信联盟的主要业务包括无线电通信业务、电信标准化业务以及电信发展业务。

1. 无线电通信业务

无线电通信业务围绕无线电频率以及卫星轨道资源而展开。同时，国际电信联盟也不断推广关于无线电的国际标准。具体而言，无线电通信业务包括两个部分。一是空间业务，包括为空间系统及空间站进行国际协调，并设立通知和登记的程序。二是地面服务，主要涉及国际协调、通知和登记程序，包括国际电信联盟为维持生命安全的水上业务活动实践。

国际电信联盟的无线电通信业务还包括设立无线电通信研究组，对世界和区域性无线电通信大会拟考虑的技术、操作和程序问题进行预备性研究，并起草相关的建议、无线电标准报告以及无线电通信手册。同时，国际电信联盟还发布了《无线电规则》，为无线电标准的制定做出了贡献。

无线电通信业务对于建构一个经济、社会、环境和技术融合发展的世

国际电信联盟

界具有重要作用。例如,移动互联网和物联网技术对当今社会有积极影响。[①] 第四次工业革命和人工智能都依附于无线电建构的电信网络。从此层面看,国际电信联盟的无线电通信业务将继续协调全球统一规则和标准,进而实现全球电信资源的普遍可获得与可承担。

2. 电信标准化业务

国际电信联盟的电信标准化业务的核心目标是建构一个标准化的世界。其主要功能是解决电信资源和设备如何在互联网中有效运行并实现可交互性的问题。国际电信联盟的电信标准化部门提供了诸多意见,但是此类意见并没有强制性效力,其目的在于推动成员国国内法对标准的采纳适用。电信标准化工作旨在为国际电信联盟提供高质量的、可靠的电信标准。在实践中,国际电信联盟的标准及建议得到多数国家和企业的遵循。

从网络基础设施、网络安全,到宽带、光纤传输体系,再到下一代网络以及网址等议题,国际电信联盟产生了4000多个标准化建议。这些标准化建议成为当前国际电信联盟的重要工作事项。电信标准化部门的成员包括所有成员国的主管部门,以及按照《国际电信联盟公约》的有关规定成为部门成员的任何实体或组织。上述成员资格确保了电信标准化工作能够吸引所有的利益相关方。国际电信联盟标准化机构与诸多学术科研机构进行通力合作,制定符合实际需求的国际标准。

国际电信联盟的电信标准化业务创设了规制者与被规制者互动的生态系统。一方面,其能够促使国家与企业进行沟通与磋商,进而使标准能够在国家间、机构间使用。另一方面,其也节省了沟通的成本,特别是在引入电子传输和视频会议等机制后。当前,国际电信联盟的电信标准化业务关注自动驾驶汽车以及人工智能医疗卫生产品,旨在为下一代的电信活动设定标准。当然,在标准设定过程中,国际电信联盟也不断解决知识产

[①] 参见 Alexandru Pirjan, Justina Lavinia Stanica, "Challenges Regarding the Appropriate Management of the Emerging Internet of Things Applications," *Research and Science Today*, Vol. 13, 2017, pp. 16–24。

权、环境与气候变化、电信资源和设备的可交互性、应急通信等议题。

3. 电信发展业务

国际电信联盟的电信发展部门的具体职能包括：提高决策者对电信在本国经济及社会发展计划中重要作用的认识水平，并对可能的政策和结构选择提供信息和建议；通过加强人力资源开发、规划、管理，资金筹措和研究与开发的能力，并考虑到其他相关机构活动的需求，特别是在发展中国家通过建立伙伴关系，促进电信网络和业务的发展、壮大和运营；根据发达国家网络的变化和发展，推动和协调加速向发展中国家转让适当技术的计划；鼓励业界参与发展中国家的电信发展，并对适当技术的选择和转让提出建议；等等。

国际电信联盟的电信发展部门将履行国际电信联盟作为联合国专门机构和联合国开发系统或其他筹资安排的项目实施执行机构的双重职责，通过提供、组织和协调技术合作和援助活动，促进和加强电信的发展。其主要的行动领域为能力建设、网络安全、数字包容性、气候变化、电子废弃物、应急通信、创新、帮助最不发达国家和小岛屿发展中国家发展等。

目前，电信发展部门的核心目标在于促进电信和国际通信领域的国际合作，营造有利于国际电信发展的环境，促进电信和通信发展的基础设施建设，增强应急电信和通信的信息安全性，提高电信人员和机构能力，提供电信数据和统计数据，并加强数据包容性。同时，电信发展部门也充分重视环境保护，以减缓气候变化，并进行灾害管理工作。

总而言之，国际电信联盟通过无线电通信业务、电信标准化业务和电信发展业务建构起了基本业务框架。一方面，其负责无线电频率的分配和管理工作；另一方面，其也不断推动国家间电信标准的协调和融合，并推动发展中国家特别是最不发达国家的电信和通信发展。

三 国际电信联盟的基本任务

国际电信联盟的目标为以有效的电信业务为基础，不断促进各国人民之间的和平联系、国际合作和经济及社会的发展。在具体运行中，国际电

37

国际电信联盟

信联盟实际上通过以下四种手段实现上述目标。

1. 缩小数字鸿沟

当前,世界仍存在巨大的数字鸿沟,发达国家和发展中国家之间的差距不是在缩小而是在扩大。对互联网、智能手机的获得成为发达国家和富裕公民进一步发展的有利条件,然而由于先进技术的不可获得性,发展中国家及贫穷公民面临发展困境。根据国际电信联盟数据,在发达国家和发展中国家及其各个不同社会团体之间,数字鸿沟仍广泛存在。因此,国际电信联盟应进一步关注电信资源的合理分配和获得问题。

1952年,国际电信联盟成为联合国技术援助扩展项目的官方参与组织。该项目的目的是聘用专家并向发展中国家输送专家,对落后地区的技术人员进行培训、扶持与指导。1959年,国际电信联盟接管了电信领域技术服务项目的管理活动,随后成立了从事技术援助的独立部门。1965年,联合国开发计划署成立,融合了联合国技术援助项目以及联合国特别资金援助机制。1966年,联合国开发计划署运行后,国际电信联盟与联合国技术援助合作的项目显著增加。在推动发展中国家的技术、管理和人力资源发展外,国际电信联盟在扩大亚洲、非洲和拉丁美洲等的网络覆盖范围方面也做出了积极努力。

自20世纪70年代开始,泛非电信联盟以及中东、地中海等电信合作机制逐渐涌现。1982年,国际电信联盟在内罗毕召开了全权代表大会。其后,世界电信发展独立委员会得以成立。当时,唐纳德·梅特兰被选为主席。该委员会的职责是找出阻碍通信基础设施发展的因素,并就在世界范围内激励电信发展提出建议。1985年,梅特兰主席提交了报告《缺失的环节》,该报告也被称为"梅特兰报告"。梅特兰报告阐述了电信与经济发展的联系,并引起了国际上对发达国家和发展中国家电话接入巨大不平衡的关注。[①] 为了回应该报告,1985年国际电信联盟在坦桑尼亚召开了第一次世界电信发展大会。随后,1989年国际电信联盟在尼斯举行全权

---

① 参见《报告〈缺少的环节〉:缅怀梅特兰》,国际电信联盟,https://www.itu.int/net/itunews/issues/2010/07/62-zh.aspx。

代表大会。该次会议承认了对发展中国家进行技术援助的重要性，并表明发展中国家应具有与发达国家相同的获得电信资源的权利以及相应的标准制定权。为此，电信发展局得以创建，该机构于1999年并入国际电信联盟。2002年，马拉喀什全权代表大会明确了消除数字鸿沟是国际电信联盟的首要任务。该次会议授权国际电信联盟在消除数字鸿沟上采取更加务实的措施。其要求国际电信联盟在筹备信息社会世界峰会时，在发展议题上发挥更加积极的作用。

2. 开展国际交流

国际电信联盟通过举办国际会议的方式，促进全球各国以及各利益相关方开展磋商与谈判。除了常规性的会议，国际电信联盟还主持一系列公共会议，促使政府和私人等利益相关方进行沟通。其讨论的不仅仅是技术问题，还包括政治、经济、文化等议题。例如，1971年，国际电信联盟创办世界电信展。世界电信展是全球电信领域最重要的活动，每三至四年举行一次。在世界电信展上，政府代表和行业协会代表会分享其知识，并共同解决具有全球挑战性的问题。1994年，国际电信联盟在京都全权代表大会上创立了世界电信政策论坛。其目的在于鼓励就不断变化的电信环境带来的新的政策问题交流看法和信息。第一次世界电信政策论坛于1996年在日内瓦举办，其主题为卫星技术推动全球个人手机通信发展。其后，1998年、2001年、2009年、2013年、2018年等多次举行关于互联网公共政策议题的论坛。

3. 服务世界联通

国际电信联盟的重要任务在于服务现代化的信息世界。近年来，通信和信息技术领域正发生翻天覆地的变化。1988年，国际电信联盟制定了单独的国际电报法规和国际电话法规。然而过了20多年，上述法规已经不再适应新的技术发展实践。

2012年，国际电信联盟在迪拜召开世界国际电信大会，旨在修改《国际电信规则》，使其符合新时期的要求。《国际电信规则》是具有时代特征与技术特点的国际条约。在开会期间，全球多数代表进行密切讨论和磋商，同意修改《国际电信规则》，使其符合高速发展的联通世界。

未来的世界联通建构在宽带等技术基础之上。2010年，国际电信联盟与联合国教科文组织共同成立宽带数字发展委员会，以回应时任联合国秘书长的潘基文所提出的实现联合国千年发展目标的要求。宽带数字发展委员会认为提高互联网宽带的可获得性是加快经济发展和社会进步的关键因素。因此，其建议通过国家与私人组织的合作使所有人能够共享联通的世界。

4. 实现包容发展

国际电信联盟的成员不仅包括193个国家，还包括私人组织。诸多个人和组织开始在信息社会世界峰会论坛上分享其观点。全球的经济和社会发展越来越需要电信技术的支持。在几乎所有领域，国际电信联盟的作用不断凸显，其也不断强化包容性发展的目标。

年轻人是未来社会发展的中坚力量。国际电信联盟也特别关注年轻人的发展机遇问题。2013年，国际电信联盟召开全球青年峰会。针对妇女和儿童，国际电信联盟也有专项活动。2010年，国际电信联盟确立了每年4月的第四个星期四为"信息通信年轻女性日"，旨在激励女性关注技术的发展。[①] 针对残疾人，国际电信联盟推出系列标准，以满足残疾人连接网络的需求。2013年，在联合国残疾与发展高级别会议上，国际电信联盟作为专家组织，率先探索如何使信息通信技术更好地满足残疾人的需要。

第三节 国际电信联盟的定位、发展趋势与未来目标

一 国际电信联盟的定位

当前，移动电话签约用户数已达50多亿，近50亿人看上了电视，且每年新增互联网用户数千万。全球数十亿人享受到卫星服务，包括从卫星

---

① 参见《信息通信年轻女性日：联合国促改变对技术女性的态度》，联合国，https://news.un.org/zh/story/2019/04/1033171。

第二章　国际电信联盟的性质与职责

导航系统获得指路信息、查看天气预报或在闭塞地区收看电视。另有数千万人每天都在移动电话、音乐播放机和相机上使用视频压缩服务。人们的生活从未与电信技术如此密切相关过。

国际电信联盟系联合国负责信息通信技术事务的专门机构，旨在促进国际通信网络的互联互通。其进行全球无线电频谱和卫星轨道的划分，制定技术标准以确保实现网络和技术的无缝互联，并且努力向全球服务欠缺社区推广信息通信技术。

国际电信联盟是信息通信技术行业的核心机构，努力促成技术、业务协议的订立和无线电频谱、卫星轨道位置等全球资源的划分，以创建强大的、可靠的、不断演进且无缝互联的全球通信系统。在某种程度上，用户每次通过手机打电话、上网或发送电子邮件，都受益于国际电信联盟所开展的工作。无疑，人们得以登录网站、发送电子邮件或短消息、听广播、看电视、网上购物，都应归功于国际电信联盟及其成员。归纳而言，国际电信联盟的贡献如下。

第一，国际电信联盟的工作为电话呼叫提供基础保障。无论是拨叫隔壁办公室的同事，还是呼叫身处异国的朋友，国际电信联盟的标准、协议和国际协定均为全球电信系统提供后盾。

第二，国际电信联盟通过对频谱和轨道的管理进行国际卫星协调，向用户提供电视节目、车载 GPS 导航、水上和航空通信、气象信息和在线地图，并使地球上最偏远的地区也能享受到通信服务。

第三，国际电信联盟使互联网接入成为现实。大多数互联网连接都是借助国际电信联盟的标准实现的。

第四，国际电信联盟通过地面援助、提供专用应急通信信道、制定早期预警系统的技术标准以及对灾后重建的切实帮助，在灾害发生后和紧急情况出现时立即帮助提供通信服务。

第五，国际电信联盟与业界合作，界定支持未来网络和服务的新技术。

第六，国际电信联盟是移动革命的"助推器"，打造移动和宽带的技术标准和政策框架。

国际电信联盟

第七，国际电信联盟与公有和私营部门合作伙伴携手，确保信息通信技术的接入和服务价格合理、公平普及。

第八，国际电信联盟通过技术教育和培训，提高世界各国人民的能力。①

二 国际电信联盟的发展趋势

国际电信联盟的目标是通过对全球电信资源（包括但不限于无线电频谱和卫星轨道位置）的监管和分配，便利全球相互联通，特别是在信息通信技术领域实现相互联通。② 在成立后的150多年间，国际电信联盟的组织和工作机制不断发生变化。作为历史的产物，国际电信联盟也存在诸多挑战，这些挑战来自电信发展所面临的客观环境，推动了国际电信联盟的程序和结构改革。

在法理上，国际电信联盟赖以生存的客观环境为国际电信法律规范。国际电信法与其他国际法相同，不管是双边或多边协定，还是国家的单边实践，条款都包括一系列主权国家的行为。国际电信联盟还是国际电信立法组织，其不仅具有法律性，还混合了技术、经济和文化议题。国际电信联盟是世界上现存的最古老的政府间组织，在联合国成立之前就已经存在并有效运行。

作为重要的国际组织，国际电信联盟的显著特点为成员资格的普遍性。截至2020年1月1日，国际电信联盟共有193个成员国，与联合国成员国数量相同。其中，发展中国家份额超过2/3。除成员国外，私人企业、科学与工业组织以及跨政府的区域组织等私人成员方也深度参与到国际电信联盟的活动中。

从历史观之，国际电信联盟见证了电报、无线电、电视、光纤和通信卫星、光缆、数据传输等一系列通信技术的发展。其通过标准化、技术援

---

① 参见《国际电信联盟（ITU）简介》，国际电信联盟，https://www.itu.int/zh/about/Pages/default.aspx。

② 参见 Audrey L. Allison, "Meeting the Challenges of Change: The Reform of the International Telecommunication Union," *Federal Communications Law Journal*, Vol. 45, 1992, pp. 491 - 540。

第二章　国际电信联盟的性质与职责

助、治理规制等方式，在技术创新中发挥重要的作用。然而，国际电信联盟也面临诸多挑战。一个重大的挑战在于国际电信联盟的组织框架难以适应技术变化的要求，也无法适应互联网去中心化的治理模式。从此层面来看，国际电信联盟的未来发展应考虑国际电信技术发展的新趋势。具体而言，包括以下几个方面。

第一，电信与网络服务的国际化将可能弱化国家监管和国际监管体制的界限。

第二，电信技术创新步伐加快将会促进电信与计算机技术、移动互联网技术等的融合。在此过程中，电信服务将创造出新的产品与用户需求。

第三，电信发展对社会和经济发展的贡献将更大。

第四，除国际电信联盟外，其他国际组织包括非政府组织，也享有规制电信活动的权利。

第五，发展中国家通过电信发展实现工业化的阻力仍存在。

第六，国际电信领域的参与者将更加多元，特别是一些国家电信服务行业正逐步推进私有化过程，其中包括投资自由化和去规制化。因此，电信设备和服务提供者将更加多元。[①]

国际电信联盟的发展面临上述六个方面因素的影响。国际电信联盟如何适应变革的电信环境，以及如何应对现有的挑战，将是国际电信联盟面临的巨大问题。

为解决上述问题，国际电信联盟必须重视内部机制的转变。与联合国其他机构相似，国际电信联盟内部结构也发生了显著的变化。随着新独立的发展中国家的加入，国际电信联盟成员国要求将电信基础设施的发展作为其发展经济的关键因素。这些国家认为，提供有效的援助活动是国际电信联盟的重要工作，也应是其必要的目标。不管是无线电频谱、卫星轨道的分配，还是技术援助、培训或基础设施投资，发展中国家均要求对国际

---

① 参见 Audrey L. Allison, "Meeting the Challenges of Change: The Reform of the International Telecommunication Union," *Federal Communications Law Journal*, Vol. 45, 1992, pp. 491–540。

电信资源实行按比例分配。1982年，发展中国家在《国际电信联盟组织法》中增加了发展中国家援助的议题。其核心要求是国际电信联盟不仅应满足技术性目的，还需要服务于发展目的。1989年，发展中国家向国际电信联盟提出设立新的电信发展机构的提议，并认为发展机构应该与标准设定机构、无线电管理机构平行。

国际电信联盟还应该与其他国际组织进行更密切的沟通与联系，持续地服务于国际贸易和商业政策。例如，国际电信联盟应与世界贸易组织进行密切合作，特别是后者还专门制定《服务贸易总协定》及《关于电信服务的附件》（简称为《电信附件》）等。一方面，国际电信联盟应该与其他国际机构进行联络，保证其技术术语和规范的协调性。另一方面，国际电信联盟应该和其他国际组织共同推进电信发展，特别是和经济合作与发展组织、联合国教科文组织、欧洲联盟等进行通力协作。

除国际组织外，国际电信联盟还应与一系列自愿性的标准组织进行合作，以解决通信技术和服务提供中的标准设定问题。国际电信联盟认为，为保持在电信领域的主导性，其必须在满足世界多样性的基础上，加速通信领域的规制和标准设定活动。在1989年全权代表大会上，国际电信联盟启动了应对挑战的结构性改革方案。随后，一个旨在审查国际电信联盟结构和功能的高级委员会被确定。该委员会在1991年4月26日发布了名为《未来的国际电信联盟：变革的挑战》的报告。[①] 该报告提出了重组国际电信联盟的建议。此重组建议被嗣后的全权代表大会考虑并部分采纳。

三 国际电信联盟的未来目标

2018年，国际电信联盟理事会在日内瓦通过了《国际电信联盟2020~2023年战略规划》。[②] 其提出国际电信联盟的愿景是建立一个互联的信息

---

① 参见"Tomorrow's ITU: The Challenges of Change", ITU, http://search.itu.int/history/HistoryDigitalCollectionDocLibrary/12.35.70.en.100.pdf。
② 参见"ITU Strategic Framework 2020-2023", https://www.itu.int/en/council/planning/Pages/default.aspx。

社会，为世界发展赋能。在此社会中，电信/信息通信技术促成并加速社会、经济和环境具有可持续性的增长和发展。其使命是推动并促进对电信/信息通信技术网络、服务和应用的价格可承受的普遍接入，并将其用于社会、经济和环境具有可持续性的增长和发展。

为实现上述愿景和使命，国际电信联盟设立了五个目标。

第一，发展目标。努力促成和推进电信/信息通信技术的获取和使用，促进电信/信息通信技术的发展以支持数字经济增长，帮助发展中国家向数字经济转型。

第二，包容目标。努力确保人们无一例外地受益于电信/信息通信技术，以建立包容性的数字社会，进而缩小数字鸿沟并支持面向全民的宽带服务。

第三，可持续目标。注重提高网络和系统的质量、可靠性、可持续性和恢复能力以及树立使用电信/信息通信技术的信心并提高使用的安全性。因此，国际电信联盟将努力抓住电信/信息通信技术提供的机遇，同时最大限度地减少可能附带的负面影响。

第四，创新目标。寻求建设有利于创新的环境，促进新技术成为落实信息社会世界峰会各行动、2030年可持续发展议程的重要推动力量。

第五，合作目标。推动各国政府、私营部门、民间团体、政府间和国际组织以及学术界与技术界的参与和合作。

同时，该规划也重申了国际电信联盟的价值观，包括以下五项。

（1）效率：专注于国际电信联盟的宗旨，在适当研究、证据和经验基础上做出决定，采取有效行动并监督输出成果，避免国际电信联盟内部工作的重复。

（2）透明度和问责制：通过加强透明度和问责制程序更好地做出决定、采取行动、取得效果并改善资源管理水平，国际电信联盟宣传并展示在实现目标方面取得的进展。

（3）开放性：了解并回应其所有成员的需求以及政府间组织、私营部门、民间团体和技术界与学术界的活动和期望。

（4）普遍性和中立性：作为联合国专门机构，国际电信联盟联通、

国际电信联盟

覆盖和代表了世界所有地区。在其基本法律文件规定的范畴内，国际电信联盟的工作和活动最好以协商一致的方式反映其成员的明确意愿。

（5）以人为本，服务至上并注重结果：以人为本，国际电信联盟重点提供对所有人均有意义的结果；服务至上，国际电信联盟致力于进一步提供高质量服务并最大限度提高受益方和利益相关方的满意度；注重结果，国际电信联盟力争出实效，尽量扩大其工作的影响。[①]

第四节　国际电信联盟的重要法律法规

国际电信联盟是联合国机构中历史最长的一个国际组织。其成立于1865年5月17日，是一个公有和私营部门的合作机构。1865年5月17日，为了顺利实现国际电报通信，法、德、俄、意、奥等20个欧洲国家[②]的代表在巴黎签订了《柏林国际电报公约》，国际电报联盟也宣告成立。随着电话与无线电的应用与发展，国际电报联盟的职权不断扩大。1906年，德、英、法、美、日等29个国家的代表在柏林签订了《柏林国际无线电公约》。1932年，70多个国家的代表在西班牙马德里参加会议，将《圣彼得堡国际电报公约》与《华盛顿国际无线电公约》合并，制定《国际电信公约》，并决定自1934年1月1日起正式改"国际电报联盟"为"国际电信联盟"。1947年10月15日，国际电信联盟和联合国签署将国际电信联盟作为联合国全球电信领域专门机构的协议。1948年，其总秘书处由伯尔尼迁至日内瓦。1949年1月1日，双方签署的协议正式生效，国际电信联盟成为联合国的专门机构。

在发展过程中，国际电信联盟制定了诸多法律法规。《国际电信联盟组织法》第4条规定，国际电信联盟的法规包括《国际电信联盟组织

[①] 参见"ITU Strategic Framework 2020－2023"，国际电信联盟，https://www.itu.int/en/council/planning/pages/default.aspx。

[②] 多年来，随着国家边界的变迁，原来的20个创始国已变成如今的16个：奥地利、比利时、丹麦、法国、德国、希腊、匈牙利、意大利、荷兰、挪威、葡萄牙、俄罗斯、西班牙、瑞典、瑞士和土耳其。

法》、《国际电信联盟公约》以及各行政规则。《国际电信联盟组织法》第6条规定，各成员国在其所建立或运营的、从事国际业务的或能够对其他国家无线电业务造成有害干扰的所有电信局和电台内，均有义务遵守《国际电信联盟组织法》、《国际电信联盟公约》和行政规则的规定。[①] 同时，各成员国还有义务采取必要的步骤，责令所有经其批准而建立和运营电信并从事国际业务的运营机构或运营能够对其他国家无线电业务造成有害干扰的电台的运营机构遵守《国际电信联盟组织法》、《国际电信联盟公约》和行政规则的规定。

一　《国际电信联盟组织法》

《国际电信联盟组织法》是国际电信联盟的基本法规，其条款由《国际电信公约》的条款加以补充而成。1865年，国际电报联盟创始国在巴黎签署了首部《国际电报公约》。1932年，各国签订了《国际电信公约》，并于1934年将"国际电报联盟"改名为"国际电信联盟"。《国际电信联盟组织法》的规定主要源于1934年生效的《国际电信公约》第一部分"基本条款"。1989年，国际电信联盟尼斯全权代表大会将原《国际电信公约》修改为《国际电信联盟组织法》《国际电信联盟公约》。《国际电信联盟组织法》于1994年1月1日生效，并经过数次全权代表大会的修订。目前适用的《国际电信联盟组织法》文本，是2010年修正、2012年1月1日正式生效的文本。

除序言、附件外，《国际电信联盟组织法》分为9章58条，规定了国际电信联盟的组织性质、工作程序和电信管理一般原则。该组织法主要内容包括基本条款，无线电通信部门，电信标准化部门，电信发展部门，关于国际电联职能行使的其他条款，关于电信的一般条款，关于无线电的特别条款，与联合国、其他国际组织和非成员国的关系，最后条款。

《国际电信联盟组织法》具有最高的法律位阶。即如《国际电信联盟

[①] 根据《国际电信联盟组织法》第48条（国防业务使用的设施）规定免除这些义务的业务除外。

组织法》与《国际电信联盟公约》或行政规则的条款有矛盾之处，应以《国际电信联盟组织法》为准；如《国际电信联盟公约》与行政规则的条款有矛盾之处，应以《国际电信联盟公约》为准。换言之，国际电信联盟的法律体系具有四个层级：最高级为《国际电信联盟组织法》；其次为《国际电信联盟公约》；再次为国际电信联盟的行政规则；最后为国际电信联盟相关的有约束力的决议和决定等。

二 《国际电信联盟公约》

《国际电信联盟公约》是1992年国际电信联盟日内瓦全权代表大会特别会议通过的法律文件，其主要源于1934年生效的《国际电信公约》第二部分"一般规则"。该公约于1994年1月1日生效，并经过数次全权代表大会的修订。目前适用的《国际电信联盟公约》文本，是2010年修正、2012年1月1日正式生效的文本。

《国际电信联盟公约》是《国际电信联盟组织法》的补充。1989年前，国际电信联盟在每届全权代表大会期间通过一份新的《国际电信公约》（废弃原《国际电信公约》），之后交由各成员国批准。这种反复商讨使国际电信联盟基本法律文件长期处于不稳定状态，1989年国际电信联盟尼斯全权代表大会同意将《国际电信公约》中更为长期性的条款放入《国际电信联盟组织法》，其余内容放入《国际电信联盟公约》。该法律架构保持至今。

除附件外，《国际电信联盟公约》分为5章42条，主要规定国际电信联盟各职能机构的具体活动程序和选举程序、国际电信业务运营的一般规则，以及争端解决机制等。主要内容包括国际电联职能的行使、关于大会和全会的具体条款、其他条款、关于电信业务运营的各项条款、仲裁和修订等。

三 国际电信联盟行政规则

《国际电信联盟组织法》和《国际电信联盟公约》的条款由监管电信

使用并对所有成员国均有约束力的下列行政规则进一步加以补充。①

1. 《国际电信规则》

《国际电信规则》是 1988 年在澳大利亚墨尔本举办的世界电报电话行政大会上通过的,于 1990 年生效。《国际电信规则》是国际电信联盟的四大条约之一。2012 年,世界国际电信大会修改并通过了作为当时联通世界的基础性国际条约的《国际电信规则》。目前,共有 178 个国家受到《国际电信规则》(2012 年版)的约束。② 为确保网络之间相互顺畅连接,《国际电信规则》试图以公平、高效的方式确定国际服务原则。

《国际电信规则》第 1 条指出,《国际电信规则》制定若干一般性原则,涉及向公众开放的国际电信业务的提供和操作以及用以提供这些业务的国际电信基本传输手段。其旨在实现电信设施的全球性互联和互操作性,促进技术设施的协调发展和高效运营,并提高国际电信业务的效率、有用性及可获得性。

除序言外,《国际电信规则》共有 10 个条款,主要规定了通过语音、视频或数据,利用电话或计算机在全球范围内相互通信的方式。主要内容包括宗旨和范围、定义、国际网络、国际电信业务、生命安全和电信的优先权、计费和结算、业务的中止、信息传输、特别安排和最后条款等。其还包括《关于结算的一般条款》《关于水上电信的补充条款》两个附件。

2. 《无线电规则》

为确保无线电的有效传输,国际电信联盟制定了《无线电规则》,规范成员国在无线电的使用和管理方面的行为,明确其权利和义务,维护资源的有效、合理、安全利用,维持无线电通信业务的正常秩序。其旨在协调全球无线电规制,促进世界各国在无线电管理活动中的合作,并规范各国的权利与义务。

1906 年,第一次国际无线电会议在德国柏林举办,该会议签订了

---

① 参见古祖雪、柳磊《国际通信法律制度研究》,法律出版社,2014,第 88~91 页。
② 参见《国际电信规则 (ITR)》,国际电信联盟,https://www.itu.int/zh/wcit-12/pages/itrs.aspx。

国际电信联盟

《柏林国际无线电公约》，并将"SOS"作为国际海事灾害预警呼叫信号。这次会议的文件被嗣后的会议扩大和修改，并被统称为"无线电规则"。因此，上述规则是《无线电规则》的雏形。1912年，在伦敦举行的国际无线电会议上，各国就船舶的无线电遇险信号达成共识。同时，其还规定，为确保船舶操作人员可以收听到遇险呼叫，每艘船舶应定期保持关闭收音机的状态。到20世纪20年代，广播业务迅速增长，因此，1927年在华盛顿举行的国际无线电会议为各种无线电业务（固定、海运、航空、广播、业余和实验）分配了无线电频谱，进一步充实了《柏林国际无线电公约》的内容，签订了《华盛顿国际无线电公约》。上述这些都为国际电信联盟制定《无线电规则》奠定了扎实的基础。[①]

1932年9月3日至12月10日，国际电报会议和国际无线电会议同时在西班牙马德里举行，会议决定将国际电报联盟和国际无线电联盟并入单一实体，称为"国际电信联盟"。会议还决定将1875年的《圣彼得堡国际电报公约》和1927年的《华盛顿国际无线电公约》组合成一个包含电报、电话和广播三个领域的单一公约，称为《国际电信公约》。其作为新成立的国际电信联盟的章程，明确了国际电信联盟的法律地位。会议同时制定了三个规则即《电报规则》《电话规则》《无线电规则》，并将其作为公约的附件补充进《国际电信公约》。1932年制定的《无线电规则》，经过历次世界无线电会议[②]的扩充和修订，长期以来一直指导和规范着世界无线电通信业务的顺利开展。

1995年10月23日至11月17日，在瑞士日内瓦召开的世界无线电通信大会（WRC－95）对《无线电规则》做了较大的修订，因此其后的《无线电规则》都是以1995年版的《无线电规则》为基础编制印发的。

---

① 1927年在华盛顿举行的国际无线电会议上，还决定成立国际无线电咨询委员会（CCIR），与原有的国际电报咨询委员会（CCIT）和国际电话咨询委员会（CCIF）[CCIF和CCIT于1956年合并为CCITT（国际电报电话咨询委员会）] 共同负责协调技术研究。

② 相关的会议机制包括国际无线电会议、世界无线电行政会议（WARC）、世界无线电通信大会（WRC）。

1995 年版的《无线电规则》又经过 1997 年、2000 年、2003 年、2007 年、2012 年及 2015 年的世界无线电通信大会的修订。最新版的《无线电规则》是 2020 年版本，其绝大部分的条款是在 2021 年 1 月 1 日生效的。

《无线电规则》是由国际电信联盟的无线电通信部门负责制定、维护和组织实施的。其在国际电信联盟例行的世界无线电通信大会上通过修订，以适应无线电通信技术的发展变化。2020 年版的《无线电规则》是一套系列文件，包括条文、附录（含附录的附件）、决议和建议等内容。

2020 年版的《无线电规则》共 10 章 59 条。该规则附录部分共有附录 23 个，其中有的附录下又有多个附件；决议和建议部分共有决议 183 个、建议 25 个；引证归并的建议书部分共有建议书 40 个；附图共有 28 张。[1]

四　其他法律文件

除上述法规外，国际电信联盟制定的具有法律约束力的法律文件还包括《国际电信联盟大会、全会和会议的总规则》《关于强制解决与〈国际电信联盟组织法〉、〈国际电信联盟公约〉和行政规则有关的争议的任选议定书》等。[2]

长期以来，国际电信联盟的法律体系不断变化。国际电信联盟尼斯全权代表大会将国际电信联盟的核心法律文件分为《国际电信联盟组织法》《国际电信联盟公约》，从而使得国际电信联盟的基本法律制度保持不变。为了适应电信领域的发展，国际电信联盟的全权代表大会等会议时常修订《国际电信联盟公约》《国际电信规则》《无线电规则》等，并做出相关决议和决定。

以《国际电信规则》为例。2017 年 9 月 11～22 日，国际电信联盟理事会召开理事会工作组会议和专家组会议，审议 2012 年修订的《国际电信规则》。在国际电信新趋势下，《国际电信规则》面临三大问题：发达

---

[1] 参见《关于 ITU 的〈无线电规则〉介绍》，通信人在线，http://www.txrzx.com/i5546.html。

[2] 参见古祖雪、柳磊《国际通信法律制度研究》，法律出版社，2014，第 91 页。

国际电信联盟

国家与发展中国家之间的数字鸿沟不断拉大;各成员方都面临日益严峻的网络与信息安全问题;缺乏普遍有效的网络安全与个人隐私保护的国际规则。为解决上述问题,《国际电信规则》有可能被再次修订。[①] 毫无疑问,我们应以动态的、发展的视野看待国际电信联盟的法律体系。

---

① 参见王春辉《〈国际电信规则〉审议与修订的法律分析》,《网络信息法学研究》2018年第1期,第247~269页。

第三章

国际电信联盟的制度框架

国际电信联盟致力于联通世界各国人民,"无论他们身处何方,处境如何,通过我们的工作,我们保护并支持每个人的基本通信权利"。[1] 归纳起来,国际电信联盟的主要职责包括:负责分配和管理全球轨道资源和无线电频谱资源及协调卫星网络;制定全球电信标准;对发展中国家提供电信援助,促进全球电信发展。为此,国际电信联盟建构了一系列制度框架以保证其职责的有效实施。

第一节 国际电信联盟的组织框架

一 国际电信联盟的成员资格

《国际电信联盟组织法》规定,电信是指"利用导线、无线电、光学或其他电磁系统进行的对符号、信号、文字、图像、声音或任何性质信息的传输、发送或接收"。国际电信联盟是主管信息通信技术事务的联合国机构,为政府间国际组织。截至2020年1月1日,其共有193个成员国。国际电信联盟的总秘书处设在瑞士日内瓦,并在世界各地设有13个区域代表处和地区办事处。

《国际电信联盟组织法》第2条规定,国际电信联盟由以下各方组成。

第一,在《国际电信联盟组织法》和《国际电信联盟公约》生效前

---

[1] 参见《国际电信联盟介绍》,中华人民共和国工业和信息化部,https://www.miit.gov.cn/xwdt/dwjl/art/2020/art_ 8bda9b5c8a324137b273165b084d5125.html。

国际电信联盟

作为《国际电信公约》缔约方已成为国际电信联盟成员国的任何国家。

第二，按照《国际电信联盟组织法》第53条加入《国际电信联盟组织法》和《国际电信联盟公约》的身为联合国成员的任何其他国家。

第三，申请国际电信联盟成员资格并在取得2/3国际电信联盟成员国同意后按《国际电信联盟组织法》第53条加入《国际电信联盟组织法》和《国际电信联盟公约》的非联合国成员的任何其他国家。

国际电信联盟与其他联合国机构不同的是，国际电信联盟的成员既有各国政府，也有私营部门。除193个成员国以外，国际电信联盟成员包括信息通信技术监管机构、领先学术机构和私营公司共900多个。其中，各国政府作为成员国加入国际电信联盟。私营部门实体则作为部门成员或部门准成员加入国际电信联盟。

国际电信联盟向私营部门成员开放的三个部门为无线电通信部门（ITU-R）、电信标准化部门（ITU-T）和电信发展部门（ITU-D）。国际电信联盟各个部门都设有多个与部门专业领域相关的研究组。机构/实体可加入国际电信联盟的任意一个或所有部门。正式部门成员有权参与所有研究组的工作，而有具体侧重的机构/实体则可作为部门准成员选择参与单一研究组的工作。

自2010年在墨西哥瓜达拉哈拉全权代表大会上试行学术成员与会以来，共有近100个学术机构加入国际电信联盟。"学术机构、大学和相关研究机构"的新类别，使学术机构在标准和建议书制定方面发挥了重要作用，并作为领域内专家得到认可。学术机构参与专业领域研究组的工作，使成员国、部门成员和部门准成员获得学术专长和信息通信技术战略方面的咨询意见。与此同时，电信领域的学者及研究人员还能通过国际电信联盟接触世界领先的信息通信技术统计数据和研究成果。

中国于1920年加入国际电报联盟，1932年首次派代表参加在马德里召开的全权代表大会，签署了《国际电信公约》。1947年在美国大西洋城召开的全权代表大会上中国第一次被选为理事会理事国。新中国成立后，中国在国际电信联盟的合法席位曾被非法剥夺。1972年5月，国际电信联盟理事会第27届会议通过决议恢复中国的合法席位。随后，我国积极参加了国际电信联盟的各项会议和活动。[①]

目前，总共有900多个实体和学术机构加入国际电信联盟。其代表着国际通信领域的重要部门和机构，包括全球大型制造商、小型创新企业、科技企业以及学术机构与团队。通过参与国际电信联盟的活动，相关成员能够进行密切的沟通，进而创建相互交融的全球国际电信生态系统。

二 国际电信联盟的组织机构

国际电信联盟在充分承认每个国家享有监管其电信活动的主权权利的同时，要求各国相互协作促进国际电信的发展。国际电信联盟因此需要创设一系列组织机构，以履行其职责。根据《国际电信联盟组织法》第7条，国际电信联盟的主要组织机构包括：国际电信联盟最高权力机构——全权代表大会；代表全权代表大会行事的理事会；世界国际电信大会；无线电通信部门（包括世界和区域性无线电通信大会、无线电通信全会和无线电规则委员会等）、电信标准化部门（包括世界电信标准化全会等）、电信发展部门（包括世界和区域性电信发展大会等）；总秘书处（见图3-1）。

1. 全权代表大会

全权代表大会是国际电信联盟的最高权力机构。全权代表大会由代表各成员国的代表团组成。全权代表大会的目的在于实现根据《国际电信联盟组织法》宗旨所规定的总政策。《国际电信联盟组织法》第8条规定了全权代表大会的主要功能和作用。值得注意的是，《国际电信联盟组织法》是国际电信联盟的基础性文件，但其核心在于实现对国际电信的有序规制。对《国际电信联盟组织法》进行修订也必须由全权代表大会通过。从此层面看，国际电信联盟的全权代表大会系国际电信联盟的"立法机构"。

从历史上看，随着国际电信联盟的不断改革，全权代表大会的决策权不断扩大。作为国际电信联盟的最高权力机构，全权代表大会负责审议理事会关于上届全权代表大会以来国际电信联盟活动的报告，并审议理事会

[①] 参见《国际电信联盟介绍》，中华人民共和国工业和信息化部，https://www.miit.gov.cn/xwdt/dwjl/art/2020/art_ 8bda9b5c8a324137b273165b084d5125.html。

国际电信联盟

```
                    ┌─────────────┐
                    │  全权代表大会  │─────────┐
                    └──────┬──────┘         │
                           │          ┌─────────────┐
                    ┌──────┴──────┐   │ 世界国际电信大会 │
                    │    理事会    │───└─────────────┘
                    └──────┬──────┘
                           │
                    ┌──────┴──────┐
                    │    总秘书处   │
                    └─────────────┘
           ┌───────────────┼───────────────┐
    ┌──────┴──────┐ ┌──────┴──────┐ ┌──────┴──────┐
    │ 电信标准化部门 │ │ 无线电通信部门 │ │  电信发展部门  │
    └──────┬──────┘ └──────┬──────┘ └──────┬──────┘
    ┌──────┴──────┐ ┌──────┴──────┐ ┌──────┴──────┐
    │世界电信标准化全会│ │世界无线电通信大会│ │ 世界电信发展大会 │
    │ 电信标准化研究组│ │区域性无线电通信大会│ │区域性电信发展大会│
    │ 电信标准化顾问组│ │  无线电通信全会 │ │  电信发展研究组 │
    │  电信标准化局  │ │ 无线电规则委员会 │ │  电信发展顾问组 │
    └─────────────┘ │ 无线电通信研究组 │ │   电信发展局   │
                    │ 无线电通信顾问组 │ └─────────────┘
                    │   无线电通信局  │
                    └─────────────┘
```

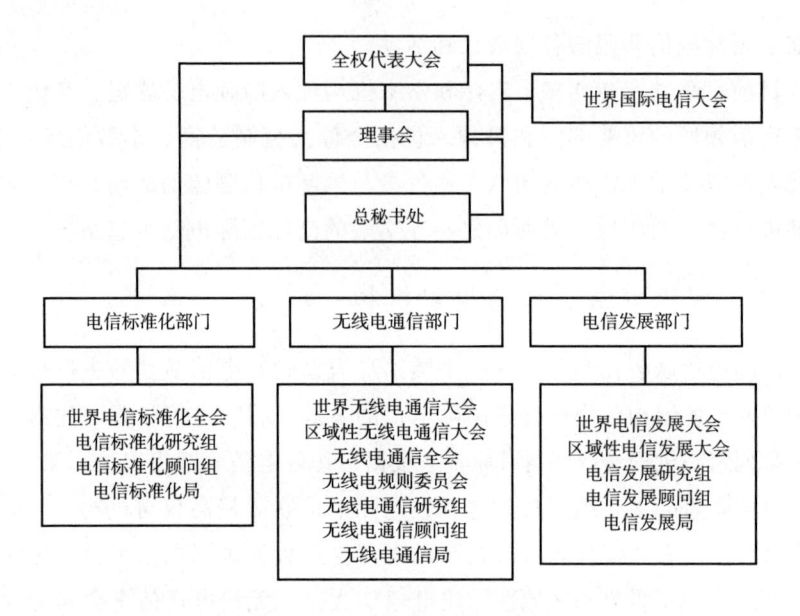

图 3-1　国际电信联盟组织机构

资料来源：《国际电信联盟组织法》。

关于国际电信联盟政策和战略规划的报告。同时，全权代表大会还负责制定国际电信联盟的战略规划和国际电信联盟的预算基础，并确定相关财务限额。在必要时，全权代表大会还可以制定国际电信联盟所有官员的基本薪金、薪金表和津贴及养恤金制度。

全权代表大会的另一项重要功能是选举，包括：选举进入理事会的国际电信联盟成员国；选举秘书长、副秘书长和各部门的局主任作为国际电信联盟的选任官员；选举无线电规则委员会委员。

全权代表大会还可缔结或在必要时修订国际电信联盟与其他国际组织之间的协定，审查理事会代表国际电信联盟与此类国际组织所缔结的任何临时协定，并对临时协定中的问题采取其认为适当的措施。

全权代表大会可通过一系列决议、决定和报告。全权代表大会可调整国际电信联盟的组织结构、确定财务计划并适时修改组织法和公约等法律文件。全权代表大会的最后文件包括修订组织法和公约等的文件，以及会议决定、决议和建议。

一般而言，全权代表大会每四年举行一次，但在特殊情况下，在两届例行的全权代表大会之间可以召开一次议程有限的非常全权代表大会以处理具体问题。召开非常全权代表大会的条件是：根据上届例行的全权代表大会的决定；有2/3成员国分别向秘书长提出要求；由理事会提议并经至少2/3成员国同意。

2. 理事会

理事会为代表全权代表大会从事管理活动的机构，作为国际电信联盟的管理机构在全权代表大会所授予的权限内代行其职权。理事会在两届全权代表大会之间作为国际电信联盟的管理机构行事。其作用是审议内容广泛的电信政策问题，以确保国际电信联盟的活动、政策和战略充分适应当今充满活力且变化迅速的电信环境。

理事会确保了国际电信联盟在全权代表大会闭会期间能够维持有效的工作。《国际电信联盟公约》第4条规定，理事国的数目应由每四年召开一次的全权代表大会确定，此数目不应超过成员国总数的25%。理事国应具有代表性，尽可能来自世界不同地区。一般而言，理事会每年在国际电信联盟所在地举行一次例会。在例会期间，理事会可决定破例增开一次会议。2019~2022年理事国构成情况如表3-1所示。

表3-1 国际电信联盟理事国构成情况（2019~2022年）

A区(美洲):9个席位	阿根廷、巴哈马、巴西、加拿大、古巴、萨尔瓦多、墨西哥、美国、巴拉圭
B区(西欧):8个席位	法国、意大利、德国、希腊、匈牙利、西班牙、瑞士、土耳其
C区(东欧和北亚):5个席位	阿塞拜疆、捷克、波兰、罗马尼亚、俄罗斯
D区(非洲):13个席位	阿尔及利亚、布基纳法索、科特迪瓦、埃及、加纳、肯尼亚、摩洛哥、尼日利亚、卢旺达、塞内加尔、南非、突尼斯、乌干达
E区(亚洲和大洋洲):13个席位	澳大利亚、中国、印度、印度尼西亚、伊朗、日本、韩国、科威特、巴基斯坦、菲律宾、沙特阿拉伯、泰国、阿联酋

资料来源：ITU, https://www.itu.int/en/council/Pages/members.aspx。

国际电信联盟

在职能方面，理事会应采取一切步骤，促进各成员国执行《国际电信联盟组织法》、《国际电信联盟公约》和行政规则的规定以及全权代表大会的决定，酌情执行国际电信联盟其他大会和会议的决定，并执行全权代表大会所指派的任务。理事会应遵照全权代表大会确定的指导方针，审议内容广泛的电信政策问题，以确保国际电信联盟的政策与战略充分适应电信环境的变化。理事会还负责起草有关国际电信联盟政策和战略规划的报告，并负责确保国际电信联盟日常工作的顺利进行、协调工作计划、批准预算以及控制财务和支出。

在财务方面，理事会应为制定国际电信联盟的战略和财务规划以及各部门和总秘书处的运作规划确定一个时间表，并参照联合国和专门机构在实施薪金、津贴和养恤金共同制度方面的现行办法，批准和修订国际电信联盟的人事规则和财务规则以及其认为必要的任何其他规则。此外，理事会还负责安排和在适当时批准秘书长编制的国际电信联盟账目的年度审计，并提交下届全权代表大会。

在发展援助方面，理事会应根据国际电信联盟的宗旨，借助其掌握的一切手段，包括通过国际电信联盟参加联合国的适当方案，为发展中国家的电信发展做出贡献。理事会还应安排召开国际电信联盟的大会和全会，并且向国际电信联盟总秘书处和各部门提供有关筹备和组织大会和全会中的技术性帮助及其他帮助方面的适当指示，如此类指示涉及世界性大会或全会，则应征得多数成员国同意；如涉及区域性大会，则应征得属于有关区域的多数成员国同意。

3. 总秘书处

总秘书处对于维持国际电信联盟日常运转具有重要作用。与全权代表大会和理事会不同，总秘书处是常设机构，提供日常业务支持。国际电信联盟的总秘书处由秘书长领导，秘书长由一名副秘书长协助。秘书长应为国际电信联盟的法人代表。秘书长和副秘书长均由国际电信联盟全权代表大会产生。

根据《国际电信联盟组织法》第11条和《国际电信联盟公约》第5条，作为国际电信联盟的首席行政官员，秘书长应承当如下主要责任：负责全面管理国际电信联盟的各种资源,确保国际电信联盟资源的节约使用,并对国际电信联盟活动的所有行政和财务问题向理事会负责;协调落实全权代表大会通过的战略规划;向国际电信联盟提供法律咨询;参照各部门的职责,承担国际电信联盟大会会前和会后的适当秘书工作;及时出版和分发由总秘书处和各部门编写的业务文件、情况通报及其他文件和记录等。同时,《国际电信联盟公约》还规定,秘书长或副秘书长可以顾问身份参加国际电信联盟的各种大会;秘书长或其代表可以顾问身份参加国际电信联盟的所有其他会议。

总秘书处拥有自身的管理委员会,其向秘书长提出咨询意见和建议,同时也是交流管理政策和做法方面信息的平台。其职责范围简单明了,即在制定总秘书处的运作规划和预算以及国际电信联盟各部门的协调工作中发挥关键性作用。[1]

4. 世界国际电信大会

世界国际电信大会可以部分地或在特殊情况下全部修订《国际电信规则》,并可处理其权能范围内与其议程有关的具有世界性的任何问题。世界国际电信大会一般是应国际电信联盟全权代表大会的请求而召开的,其主要目的是修订《国际电信规则》。《国际电信规则》本质上在于调整公共电信服务的提供和运营工作,并实现信息的有效传输。

5. 无线电通信部门

无线电通信部门通过世界和区域性无线电通信大会、无线电规则委员会、无线电通信全会、无线电通信研究组、无线电通信顾问组、无线电通信局等机构开展工作。无线电通信部门的职能是:在考虑到发展中国家特别关注的问题的同时,确保所有无线电通信业务,包括使用对地静止卫星轨道或其他卫星轨道的业务,合理、公平、有效和经济地使用无线电频谱,并开展没有频率范围限制的研究以及采纳有关无线电通信事宜的建议。

---

[1] 参见《审查国际电信联盟(ITU)的管理和行政管理》,联合国联合检查组/REP/2016/1,第 12 页,https://www.unjiu.org/sites/www.unjiu.org/files/jiu_document_files/products/zh-hans/reports-notes/JIU%20Products/JIU_REP_2016_1_Chinese.pdf.

(1) 世界和区域性无线电通信大会

世界无线电通信大会的目的在于审议无线电通信的具体问题。世界无线电通信大会的议程包括：部分地或在例外情况下全部修订《国际电信联盟组织法》中的《无线电规则》，处理其权限范围内与其议程有关的具有世界性的任何问题，并可根据无线电规则委员会和无线电通信局的活动指示开展检查活动，等等。

世界无线电通信大会的主要工作还包括：审议和批准无线电通信局主任关于上届大会以来该部门活动的报告，向理事会建议需要列入未来一届大会议程的议题，并就至少四年一个周期的无线电通信大会的此类议程发表意见，等等。

区域性无线电通信大会的议程则仅限于具有区域性质的无线电通信的具体问题，包括有关无线电规则委员会和无线电通信局在有关区域活动的指示，前提是这种指示不与其他区域的利益相抵触。必须明确的是，区域性无线电通信大会一般仅与相关区域的成员国有关。

(2) 无线电通信全会

无线电通信全会应处理并在适当时发布有关按照其程序通过的课题的建议或有关全权代表大会、任何其他大会、理事会或无线电规则委员会向其提出的问题的建议。

具体而言，无线电通信全会的主要工作包括：审议研究组按照《国际电信联盟公约》编写的报告，批准、修改或否决这些报告中所载的建议草案，并审议无线电通信顾问组根据《国际电信联盟公约》编写的报告；批准在审议现有课题和新课题后产生的工作计划，确定各项研究的预期财务需求及完成研究的时间表；应世界无线电通信大会的要求，就其职责范围内的问题提供咨询意见；等等。同时，无线电通信全会可以将其权限范围内的特定事项指派给无线电通信顾问组。

(3) 无线电规则委员会

无线电规则委员会由无线电领域内资历深厚并在频率的指配和利用方面具有实际经验的选任委员组成。每位委员应熟悉世界一特定地区的地理、经济和人口状况。他们应独立地并且以兼职的方式为国际电信联盟提供服务。

无线电规则委员会的主要职责包括：按照《无线电规则》和有权能的无线电通信大会可能做出的任何决定，批准《程序规则》，包括技术标准；审议应用《程序规则》后仍不能解决的任何其他问题；履行关于频率指配和利用的任何附加职责；等等。

（4）其他

无线电通信研究组由无线电通信全会设立。其主要职责为：研究按照无线电通信全会制定的程序通过的课题，并编写建议书草案；对世界和区域性无线电通信大会拟考虑的技术、操作和程序问题进行预备性研究；等等。

无线电通信顾问组的主要职责是：审议有关无线电通信全会、研究组及其他组的工作重点、计划、运作、财务问题及战略和无线电通信大会的筹备工作；为研究组的工作提供指导方针；在促进与其他标准化组织，与电信标准化部门、电信发展部门和总秘书处等的合作与协调方面建议应采取的措施；等等。

无线电通信局主任应组织和协调无线电通信部门的工作。其主要职责为：协调研究组及其他组和无线电通信局的筹备工作，将筹备工作的结果通报给各成员国和部门成员，收集其意见，并向该大会提交一份可含具有规则性质提案的综合报告；协调各无线电通信研究组及其他组的工作，并负责组织该工作；为促进发展中国家参加无线电通信研究组及其他组采取切实可行的措施；等等。

6. 电信标准化部门

电信标准化部门通过世界电信标准化全会、电信标准化研究组、电信标准化顾问组、电信标准化局等机构开展工作。其职能为：在考虑到发展中国家特别关注的问题的同时，通过研究技术、运营和资费问题，并就这些问题通过建议，实现全世界的电信标准化，从而实现《国际电信联盟组织法》所述的宗旨。

（1）世界电信标准化全会

世界电信标准化全会的工作任务在于审议与电信标准化有关的具体问题。其主要职责为：审议研究组按照《国际电信联盟公约》编写的报告，批准、修改或否决这些报告中所载的建议书草案，并审议电信标准化顾问组根据《国际电信联盟公约》编写的报告；批准在审议现有课题和新课题后产生的工作计划，确定各项研究的轻重缓急、预计财务影响及其完成研究的时间表；尽可能将发展中国家感兴趣的课题归并在一起，以促进发展中国家参与这些研究；等等。

（2）电信标准化研究组

电信标准化研究组应研究按照世界电信标准化全会制定的程序通过的课题，并编写建议书草案。电信标准化各研究组应在遵守《国际电信联盟公约》的条件下，研究技术、运营和资费问题，并就这些问题编写建议书，包括有关公众电信网中无线电系统的互联以及这些互联所需性能的建议书，以使全世界的电信标准化。同时，电信标准化研究组在进行研究时，应在区域和国际层面适当注意研究与发展中国家建立、发展和改进电信直接有关的课题并形成这方面的建议书。

（3）电信标准化顾问组

电信标准化顾问组的主要职责是：审议电信标准化部门活动的优先顺序、计划、运作、财务事宜及战略；为研究组的工作提供指导方针；在促进与其他有关机构，与无线电通信部门、电信发展部门和总秘书处等的合作与协调方面建议应采取的措施；等等。

（4）电信标准化局

电信标准化局主任应组织和协调电信标准化部门的工作。电信标准化局主任的主要职责为：会商各电信标准化研究组及其他组的主席，每年更新世界电信标准化全会批准的工作计划；处理在应用《国际电信规则》的有关规定或世界电信标准化全会的相关决定时从主管部门获得的信息，并视情况以适当的形式编印、出版；为电信标准化顾问组提供必要的支持，并每年向成员国、部门成员和理事会报告工作结果；等等。

7. 电信发展部门

国际电信联盟的组织机构处在不断变化中。1992年，国际电信联盟创造性地设立了电信发展部门，其核心为解决与发展相关的规制问题。电信发展部门服务于发展援助。例如，其致力于提高政府决策者的能力以推动和鼓励电信网络和服务的发展，鼓励更多的电信企业参与发展中国家的电信建设等。在此层面，国际电信联盟试图保持其在国际电信均衡发展中的重要作用。虽然发展议题本身面临多重困难，但国际电信联盟的电信发展部门采取具有灵活性的组织机构，以解决复杂的经济社会等问题。

电信发展部门通过世界和区域性电信发展大会、电信发展研究组、电信发展顾问组、电信发展局等机构开展工作。电信发展部门的宗旨为：在具体的权能范围内，履行国际电信联盟作为联合国专门机构和联合国开发系统或其他筹资安排的项目实施执行机构的双重职责，通过提供、组织和协调技术合作和援助活动，促进和加强电信的发展。

具体而言，电信发展部门的主要职能为：提高决策者对电信在本国经济及社会发展计划中重要作用的认识水平，并对可能的决策提供信息和建议；通过加强人力资源开发、规划、管理、资金筹措和研究与开发的能力，并考虑到其他相关机构的活动，特别是在发展中国家通过建立伙伴关系，促进电信网络和业务的发展、壮大和运营；通过促进确定优惠和有利的信贷额度以及与国际和区域性金融和开发机构进行合作，调动各方资源，以向发展中国家的电信领域提供援助；根据发达国家网络的变化和发展，推动和协调加速向发展中国家转让适当技术的计划；鼓励业界参与发展中国家的电信发展，并对适当技术的选择和转让提出建议；就技术、经济、财务、管理、监管和政策问题提出建议，开展或（在必要时）赞助研究，包括对电信领域内具体项目的研究；等等。

（1）世界和区域性电信发展大会

电信发展大会是关于政策研究、组织、运作、监管、技术、财务及相关问题（包括确定与获得新的资金来源）的论坛。该论坛应讨论和审议与电信发展有关的议题、项目和计划，并为电信发展局提供方向和指导。值得注意的是，电信发展大会不产生最后文件，其结论采用决议、决定、建议或报告的形式。

电信发展大会的主要职责为：制订工作计划和确定电信发展问题与优先次序的指导方针，并为电信发展部门的工作计划指出方向、提供指导；制定世界和区域性电信均衡发展的目标和战略，尤其应考虑发展中国家网络和业务的扩大和现代化以及为此所需资源的筹措；等等。同时，区域性电信发展大会可以就有关区域的具体电信需求和特点向电信发展局提供咨询意见，还可向世界电信发展大会提交建议。

（2）电信发展研究组

电信发展研究组应研究发展中国家普遍感兴趣的具体的电信问题。每个电信发展研究组均应为世界电信发展大会编写一份说明工作进展情况的报告，并编写新的或修订的建议草案，供世界电信发展大会审议。

（3）电信发展顾问组

电信发展顾问组的主要职责为：审议电信发展部门活动的优先顺序、计划、运作、财务问题及战略；为研究组工作提供指导方针；在促进与无线电通信部门、电信标准化部门和总秘书处以及相关发展和金融机构等的合作与协调方面建议应采取的措施；等等。

（4）电信发展局

电信发展局主任应组织和协调电信发展部门的工作。电信发展局主任的主要职责为：以顾问的身份当然参加电信发展大会和电信发展研究组及其他组的讨论；处理在落实全权代表大会和电信发展大会的相关决议和决定时从主管部门获得的信息，并视情况以适当的形式编印、出版；与国际电信联盟总秘书处和其他部门合作，汇编并出版对发展中国家可能特别有用的技术和管理资料，以便帮助发展中国家改进电信网；为电信发展顾问组提供必要的支持，并每年向成员国、部门成员和理事会汇报工作结果；等等。

8. 协调委员会

国际电信联盟还通过协调委员会行使其职能。协调委员会应由秘书长、副秘书长和三个局的主任组成。协调委员会由秘书长主持；在秘书长缺席时，由副秘书长主持。协调委员会应作为内部管理班子行使职权，就不单属于一具体部门或总秘书处职能范围内的所有行政、财务、信息系统和技术合作事宜，对外关系和公众宣传事宜向秘书长提供咨询意见和实际协助。在考虑问题时，协调委员会应充分顾及《国际电信联盟组织法》的规定、《国际电信联盟公约》的规定、理事会的决定和国际电信联盟的整体利益。

协调委员会可提供协助和咨询意见，并审查国际电信联盟工作的进展情况，协助秘书长编写提交理事会的报告。在实际运行中，协调委员会应力求取得一致结论。但是，如果委员会主席认为迫切需要就讨论的问题做出决定，且不能等到理事会下届例会时，即使没有得到多数委员的支持，他也可破例自行做出决定。在这种情况下，该主席应及时就此类问题以书面形式报告各理事国采取这一行动的理由，并附上委员会其他委员提出的其他书面意见。如果在此类情况下问题虽非紧急却很重要，则应提交理事会下届例会审议。

管理协调组是协调委员会的顾问机构，其任务是交流有关不同政策和活动的信息与看法，并就落实工作的协调一致方法取得共识。2015年扩大了管理协调组的成员组成：除五位选任官员外，还包括国际电信联盟所有D-2级别官员（3个局的副主任及战略规划和成员部主任）以及人力资源部主任和财务资源部主任（均为D-1级别）。[①]

之前，国际电信联盟的组织结构还包含各自独立的咨询委员会，如国际电报咨询委员会、国际无线电咨询委员会和国际电话咨询委员会，这些委员会被认为是电信标准化部门和无线电通信部门的前身。目前，这三个咨询委员会的功能已经由电信标准化部门、无线电通信部门所取代。

9. 区域代表处

国际电信联盟在非洲区、美洲区、阿拉伯区、亚太区、欧洲和独联体区等设置区域代表处。国际电信联盟的区域代表性政策旨在使国际电信联盟与其成员保持尽可能紧密的合作，并使国际电信联盟的活动能够满足世界上发展中国家和最不发达国家日益增长的多样化需求。目前，国际电信联盟管理着13个区域代表处和地区办事处，其中包括分别设在亚的斯亚贝巴（非洲）、巴西利亚（美洲）、开罗（阿拉伯国家）、曼谷（亚太）和莫斯科（欧洲和独联体国家）的区域代表处和在上述区域设立的若干地区办事处。[②]

---

① 参见《审查国际电信联盟（ITU）的管理和行政管理》，联合国联合检查组/REP/2016/1，第11页，https://www.unjiu.org/sites/www.unjiu.org/files/jiu_document_files/products/zh-hans/reports-notes/JIU%20Products/JIU_REP_2016_1_Chinese.pdf。

② 参见《区域代表处》，国际电信联盟，https://www.itu.int/zh/ITU-D/Pages/Regional-Presence.aspx。

国际电信联盟的区域代表处通过与国家主管部门、区域性电信组织及其他相关机构长期保持直接联系，为国际电信联盟的所有活动提供支持，并帮助落实其战略和政策目标。区域代表处亦帮助发展中国家和最不发达国家实现其发展目标。除为发展活动提供技术和后勤支持外，区域代表处亦履行发展部门作为专业执行机构、资源调剂部门和信息中心的基本职责。

国际电信联盟的区域代表处亦通过以下工作协助国际电信联盟总秘书处、无线电通信局和电信标准化局完成其使命：宣传这些部门的工作，并在区域性和各国开展的活动中代表这些部门；帮助各部门组织其活动领域范围内的区域性活动，或与电信发展局联合组织活动；在区域性活动中代表国际电信联盟的选任官员；在不同的活动中表达各国的愿景和需求，并针对各国的需求提出行动建议。①

三　国际电信联盟的代表性会议

国际电信联盟建立了一系列会议制度，促使政府、企业以及学术科研机构充分沟通信息，并制定相应的决策。除了日常的行政性会议外，国际电信联盟还举办诸多论坛和展览，最大化地凝聚国际社会的共识。

1. 世界电信展

世界电信展是各国政府、公司和中小型企业为实现经济增长和社会公益而加速推进信息通信技术创新的全球性平台。世界性的和区域性的电信展览和论坛促使政府、企业、学术界能够相互交换观点、知识和技术。世界性的和区域性的展览和论坛时常分享当前信息通信技术领域的最先进的技术，进而推动国际电信发展。受新冠肺炎疫情的影响，2020年世界电信展于2021年10月在越南河内举办，其主题为"共建数字世界"。

2. 世界电信发展大会

国际电信联盟通过其电信发展局在两届全权代表大会之间举办世界电

---

① 参见《国际电联的区域代表性》，国际电信联盟，https://www.itu.int/net/ITU-SG/regional-zh.aspx。

信发展大会，审议与电信发展相关的议题、项目和计划。世界电信发展大会为电信/信息通信技术的发展确定战略和目标，为国际电信联盟电信发展部门指出发展方向并提供指导。[①] 世界电信发展大会主要服务于国际电信领域的政策研究，并对技术和金融等问题进行研讨。其核心目的在于满足发展中国家的需要。会议一般由特定发展中国家组成研究组，参与者包括成员国代表，也包括私人部门行业代表以及区域或其他国际性组织。国际电信发展大会可采纳一系列决定和决议，包括对电信发展局的工作起草战略计划和行动计划。相关决议、决定、建议和报告可提交给国际电信联盟全权代表大会。

3. 世界电信/信息通信技术政策论坛

世界电信/信息通信技术政策论坛是针对如今变化迅速的信息通信技术环境所引发的各种重要政策问题交换意见的高层国际活动。世界电信政策论坛（2010年改名为世界电信/信息通信技术政策论坛）是由国际电信联盟于1994年在日本京都举行的全权代表大会创立的，其目标是为国际电信联盟成员国和企业讨论、交换新兴通信政策和规则提供场所。电信环境的变化需要国际电信联盟成员国和企业加强新兴电信政策和规制事项的意见交换。该论坛一般由国际电信联盟总秘书处准备《意见草案》等报告，以供参与者讨论。该论坛旨在促进辩论，达成以"意见"为形式的多利益相关方共识，彰显共同的愿景，以指导全球正在开展的信息通信技术政策、监管和标准化工作。该论坛的成果文件以意见报告为形式。

4. 信息社会世界峰会

为解决发达国家和发展中国家之间的数字鸿沟问题，1998年，国际电信联盟向联合国提出建议，举办信息社会世界峰会以促进信息社会达成共同的观点和了解，以及拟定一项宣言和行动计划，供各国政府、国际机构和民间社会各部门实施，解决与信息社会有关的所有问

[①] 参见《世界电信发展大会》，国际电信联盟，https://www.itu.int/zh/ITU-D/Conferences/WTDC/Pages/default.aspx。

题。根据联合国大会第56/183号决议，信息社会世界峰会由国际电信联盟组织。

信息社会世界峰会包括两个阶段。第一阶段于2003年12月10日至12日在日内瓦举行，其目的是促进政策意见的交换，以此反映各方利益。第二阶段于2005年11月16日至18日在突尼斯举行。其目的是促使日内瓦行动计划付诸实践。上述会议的主题包括为发展目的使用信息技术、网络安全、通信可获得性、基础设施、能力建设以及文化多样性等。

上述两个阶段的信息社会世界峰会的最终成果体现为四份文件：《日内瓦原则宣言》《日内瓦行动计划》《突尼斯承诺》《突尼斯议程》。《日内瓦原则宣言》积极评价了信息通信技术对未来社会、经济和文化发展的巨大促进作用，提出了关于建设信息社会的十一条基本原则，并对未来全球信息通信发展做出了原则性的指导意见。《日内瓦行动计划》为建设信息社会制定了若干基准指标和具体行动方案。《突尼斯承诺》重申了信息社会世界峰会第一阶段所确定的各项原则。《突尼斯议程》将重点放在弥合数字鸿沟融资机制、互联网治理相关问题以及对峰会第一阶段和第二阶段所做各项决定的落实等层面。[①]

信息社会世界峰会也催生了多利益相关方参与的信息社会世界峰会论坛。信息社会世界峰会论坛从2009年开始，每年举办一次，以逐项讨论峰会设定的目标。总体而言，信息社会世界峰会与信息社会世界峰会论坛具有比较鲜明的特点。其一，这是非政府组织、科学机构和公共媒体等共同参与的会议。该会议较关注以人为中心的发展问题，致力于推动跨界交流，一般有年轻人和公民代表参加。其二，其也表现出国际电信联盟在解决数字鸿沟问题上的努力。数字鸿沟问题最初就是在信息社会世界峰会上被提出的，指的是信息获得的差距导致了发达国家和发展中国家之间发展不均衡，甚至可能导致富国和穷国之间的敌视行为。因此，峰会强调应从破除信息壁垒角度推动所有国家共同发展。其三，在会议上，各方深入讨

---

① 参见古祖雪、柳磊《国际通信法律制度研究》，法律出版社，2014，第62~63页。

论互联网规制问题。[1] 其核心在于解决数据两难问题,即在保证数据开放的前提下,如何对数据进行规制。一方面,美国专家认为应该强化互联网知识产权保护;另一方面,其他各国专家也强调对互联网行业的持续穿透性规制。由此可见,信息社会世界峰会和信息社会世界峰会论坛是利益相关方分享观点的重要场所。

5. 其他会议

除了上述会议外,国际电信联盟的会议还包括电报通信会议、世界电信标准化全会等。这些都是国际电信联盟中的常设性会议。同时,区域层面也存在诸多重要的电信会议。例如,2007年宽带世界论坛亚洲会议在北京召开,该次会议讨论如何通过技术、人力和金融资本的结合推动电信的发展。国际电信联盟还举办了诸多研讨会,以促进世界范围内理论界和实务界的沟通与联系。

四 国际电信联盟的管理团队

1. 选任标准

国际电信联盟对其官员和职员选任实施较高的标准。《国际电信联盟组织法》第27条规定,国际电信联盟的选任官员或职员在履行职责时,均不得谋求或接受任何政府或国际电信联盟以外任何其他当局的指示。同时规定,在招聘职员和确定服务条件时,应首先考虑使国际电信联盟在工作效率、能力与道德诸方面均达到最高标准的人员。同时,应适当注意在尽可能广泛的地域内招聘职员的重要性。

《国际电信联盟组织法》对成员国也施加了限制,规定成员国和部门成员应尊重国际电信联盟这些选任官员和职员的职责的绝对国际性,并且不得影响他们履行职责。同时,为保证国际电信联盟的有效运作,任何有本国国民当选为秘书长、副秘书长或局主任的成员国应尽可能避免在两届

---

[1] 参见 Jay Wahlquist, "The World Summit on the Information Society: Making the Case for Private Industry Filtering to Control Extraterritorial Jurisdiction and Transnational Internet Censorship Conflicts," *Brigham Young University International Law & Management Review*, Vol. 1, 2005, pp. 283 - 310。

全权代表大会之间召回该人员。

2. 高级管理层

《国际电信联盟组织法》第 26 条规定，由五位选任官员构成的协调委员会作为内部管理班子行事。此模式不同于联合国系统内多数机构的模式，后者由一位选任官员领导，就组织管理各个方面事宜向成员国负责。国际电信联盟指定秘书长发挥国际电信联盟法律代表的作用并负责国际电信联盟资源的总体管理。与此同时，三个局的主任被赋予极大的自主权。此外，作为国际电信联盟法定的协调委员会委员，这五位选任官员被集体赋予管理国际电信联盟的重任。① 国际电信联盟成员国在 2018 年 10 月 29 日至 11 月 16 日召开的第 20 届全权代表大会期间，选出 2019~2022 年国际电信联盟的最高层选任官员。来自中国的赵厚麟再次当选国际电信联盟秘书长。

（1）秘书长：赵厚麟

赵厚麟是信息通信技术工程师，在国际电信联盟先后担任过多个高层管理职务。赵厚麟自 2019 年 1 月 1 日起开始其第二届也是最后一届 4 年任期。在 2014 年首次当选国际电信联盟秘书长之前，其曾担任国际电信联盟副秘书长 8 年。赵厚麟还连续担任过两届国际电信联盟电信标准化局主任。该局负责技术标准的制定，以确保全世界信息通信技术的互联互通。在那之前，他曾经在电信标准化局担任 12 年的高级顾问。

（2）副秘书长：马尔科姆·琼森

2018 年，来自英国的马尔科姆·琼森再次当选国际电信联盟副秘书长。马尔科姆·琼森是经验丰富的信息通信技术高管，在国际电信联盟先后担任过多个高层管理职务。他自 2019 年 1 月 1 日起开始其第二届也是最后一届 4 年任期。在担任副秘书长之前，他曾于 2007~2014 年担任国际电信联盟电信标准化局主任。2003~2006 年，他曾担任英国电信管理局

---

① 参见《审查国际电信联盟（ITU）的管理和行政管理》，联合国联合检查组/REP/2016/1，第 9 页，https://www.unjiu.org/sites/www.unjiu.org/files/jiu_document_files/products/zh-hans/reports-notes/JIU%20Products/JIU_REP_2016_1_Chinese.pdf。

(Ofcom)的国际协调官员。1992~2003年,他曾在英国无线电通信署担任处长。1988~1992年,他曾就职于欧盟委员会电信监管处。

(3) 无线电通信局主任:马里奥·马尼维奇

2018年,来自乌拉圭的马里奥·马尼维奇当选国际电信联盟无线电通信局主任。2014~2018年,马尼维奇担任国际电信联盟无线电通信局的副主任,协助主任和成员卓有成效地开展无线电频谱和卫星轨道全球管理的重要工作。在此之前,马尼维奇曾经担任国际电信联盟电信发展局以及国际电信联盟区域代表处的各种管理职务。他与各国政府、监管机构和运营商密切合作,制定战略政策和法规,努力实现拉丁美洲国家电信行业的现代化。在加入国际电信联盟之前,马尼维奇曾就职于乌拉圭的主要电信运营商,并且在乌拉圭知名大学的工程学院任助理教授。

(4) 电信标准化局主任:李在摄

2018年,来自韩国的李在摄再次当选国际电信联盟电信标准化局主任。李在摄的职业生涯开始于1986年在韩国电信担任研究员。2003年起,他到韩国电子和电信研究所(ETI)任职,在那里工作了8年。在加入国际电信联盟之前,他就职于韩国高级科学技术研究所(KAIST),并担任韩国信息通信技术及未来规划部(MSIP)的高级顾问。加入国际电信联盟之后,在开始其首届国际电信联盟电信标准化局主任任期之前,他曾担任国际电信联盟下一代网络(NGN)焦点组主席,还担任过国际电信联盟IPTV焦点组副主席。

(5) 电信发展局主任:多琳·伯格丹-马丁

2018年,来自美国的多琳·伯格丹-马丁当选国际电信联盟电信发展局主任。这是国际电信联盟153年历史上成员国首次选举一位女性担任国际电信联盟选任官员。多琳·伯格丹-马丁在2008~2018年担任国际电信联盟战略规划和成员部主任,作为国际电信联盟秘书长的顾问,负责国际电信联盟的宣传、对外事务、组织战略和成员工作,同时进行国际电信联盟-联合国教科文组织宽带数字发展委员会的管理工作。她还于2007~2008年担任国际电信联盟电信发展局监管和市场环境处处长,之

国际电信联盟

前于2003~2007年在监管改革处工作。在加入国际电信联盟之前，多琳·伯格丹-马丁在美国商务部国家电信和信息管理局（NTIA）担任电信政策专家。[1]

第二节 国际电信联盟的具体法律规则

国际电信联盟是主管信息通信技术事务的联合国机构。《国际电信联盟组织法》第31条规定，国际电信联盟在其每一成员国的领土上均享有为行使其职能和实现其宗旨所必需的法律权能。国际电信联盟具有国际法律人格，能够依法独立享受权利并承担相应的义务。因此，本节将重点介绍国际电信联盟的内外法律关系。

一 成员的权利与义务

根据《国际电信联盟组织法》规定，其成员主要包括成员国和部门成员两个类别，二者具有不同的权利与义务关系。

1. 成员国

根据《国际电信联盟组织法》第2条，国际电信联盟的成员国包括创始成员国、加入的联合国成员国，以及加入的非联合国成员国。

在权利层面，国际电信联盟的成员国有权参加国际电信联盟的大会，有资格被选入国际电信联盟理事会，并有权提名候选人参加国际电信联盟官员或无线电规则委员会委员的选举；每一成员国在国际电信联盟的所有全权代表大会上，在所有世界性大会和所有部门的全会和研究组会议上，以及在理事会的所有例会上（如为理事国），均享有一票表决权；每一成员国在所有以通信方式进行的意见征询中，也享有一票表决权。

在义务层面，国际电信联盟的成员国有义务执行国际电信联盟的法律规定。主要包括两个层面：其一，各成员国在其所建立或运营的、从事国

---

[1] 参见《国际电联2019—2022年管理团队》，国际电信联盟，https://www.itu.int/zh/osg/Pages/itu-management-team.aspx。

际业务的或能够对其他国家无线电业务造成有害干扰的所有电信局和电台内,均有义务遵守《国际电信联盟组织法》、《国际电信联盟公约》和行政规则的规定;[①] 其二,各成员国有义务采取必要的步骤,责令所有经其批准而建立和运营电信并从事国际业务的运营机构或运营能够对其他国家无线电业务造成有害干扰的电台的运营机构遵守《国际电信联盟组织法》、《国际电信联盟公约》和行政规则的规定。

2. 部门成员

国际电信联盟的部门成员是依据《国际电信联盟公约》规定参加某一部门活动的实体或组织。国际电信联盟中的无线电通信部门、电信标准化部门和电信发展部门的成员共有两种类型。其一,成员国的主管部门。其二,按照《国际电信联盟公约》规则成为部门成员的实体或组织,包括以下三类。

一是有关成员国所批准的经认可的运营机构、科学或工业组织、金融或发展机构。

二是有关成员国所批准的与电信有关的其他实体。

三是区域性及其他国际性电信、标准化、金融或发展组织。

按照鼓励主管部门以外的实体和组织参加国际电信联盟活动的原则,上述三类主管部门以外的实体和组织可以申请成为一个或多个部门的成员,也可以申请以部门准成员的身份参加某一研究组或子研究组的工作。

在权利层面,部门成员有权参加所在部门的活动。其一,部门成员可以向部门的全会和会议以及世界电信发展大会提供正副主席人选;其二,部门成员有权参加课题和建议的通过以及有关部门工作方法和程序的决策。在义务层面,部门成员应按其选择的会费等级向国际电信联盟支付会费。

二 投票与决策规则

国际电信联盟实行"一国一票"的简单多数票决制度。《国际电信联

[①] 根据《国际电信联盟组织法》第48条规定免除这些义务的业务除外。

盟组织法》第3条规定，每一成员国在国际电信联盟的所有全权代表大会上，在所有世界性大会和所有部门的全会和研究组会议上，以及如为理事国，在理事会的所有例会上，均享有一票表决权。在区域性大会上，只有该区域的有关成员国才享有表决权。在所有以通信方式进行的意见征询中，每一成员国也享有一票表决权。

当一成员国不派遣主管部门的代表出席无线电通信全会、世界电信标准化全会或世界电信发展大会时，则在符合《国际电信联盟公约》第239款规定的条件下，该成员国的经认可运营机构的代表，无论其数目多少，均应作为一个整体享有一票表决权。当然，对国际电信联盟欠款的成员国在其欠款金额等于或大于前两个年度应付会费的总额时，丧失其按《国际电信联盟组织法》第27款和第28款的规定而享有的表决权。值得说明的是，国际电信联盟议事、表决、选举具体程序的主要规定见《国际电信联盟大会、全会和会议的总规则》。

1. 对《国际电信联盟组织法》的修订

任何成员国均可对《国际电信联盟组织法》提出修正案。全权代表大会全体会议上审议《国际电信联盟组织法》的修正案或修正案的修改提案时所需的法定人数，应为受命参加全权代表大会的代表团的半数以上。任何修正案的修改提案以及整个修正案（无论是否修改过），在通过前应先在全体会议上至少获得2/3的受命参加全权代表大会并享有表决权的代表团的批准。

2. 对《国际电信联盟公约》的修订

任何成员国均可对《国际电信联盟公约》提出修正案。在全权代表大会全体会议上审议《国际电信联盟公约》的修正案或对修正案的修改时所需的法定人数，应由半数以上受命参加全权代表大会的代表团构成。对修正案的修改提案以及整个修正案（无论是否修改过），应在通过前先在全体会议上得到半数以上受命参加全权代表大会并享有表决权的代表团的批准。

3. 对修订的保留

《国际电信联盟公约》第32B条规定，任何在全权代表大会期间保留在签署最后文件时的声明中所述的做出保留的权利的成员国，可在向秘书

第三章　国际电信联盟的制度框架

长交存该成员国对修订条款的核准、接受、批准或加入证书之前，对《国际电信联盟组织法》或《国际电信联盟公约》修正条款提出保留意见。如果一代表团认为任一决定会妨碍其政府接受行政规则修订条款的约束，则该代表团可以在通过该修订条款的大会结束时，对该决定做出最终的或暂时的保留。大会以后做出的保留只可以在以下条件下生效，即做出保留的成员国必须在通知愿意接受该大会通过的修正或修订法规的约束时正式确认其保留，并表明该项保留是在该大会结束时做出的。

三　一般性电信规则

为满足国际电信合作与发展的目的，《国际电信联盟组织法》明确了关于电信的一般性规定。主要包括以下内容。

第一，公众使用国际电信业务的权利。其要求各成员国承认公众使用国际公众通信业务进行通信的权利。各类通信的服务、收费和保障对于所有用户应一视同仁，不得有任何优先或偏袒。

第二，确保电信保密。其规定，各成员国同意采取与其所使用的电信系统相适应的所有可能措施，以确保国际通信的保密性。但是，为确保其国家法律的实施或其所缔结的国际公约的履行，各成员国保留将此类通信告知有权能的主管当局的权利。

第三，电信信道和设施的建立、运行和保护。其规定，各成员国应采取必要步骤，确保在最佳的技术条件下建立迅速和不间断地交换国际电信所必需的信道和设施。同时，成员国还必须尽可能使用经实际经验证明为最佳的方法和程序进行这些信道和设施的运行。这些信道和设施必须保持在正常工作状态，并随着科学技术进步而得到改进。各成员国应在其管辖权限内保护这些信道和设施。除另有特别安排规定的其他条件外，每一成员国均应采取必要步骤，保证维护其所控制的各段国际电信电路。各成员国也应认识到，必须采取一切实际可行的措施，使各种电气装置和设施的运行不妨碍其他成员国管辖权限内电信设施的运行。

第四，赋予特殊电信活动的优先权。对于有关海上、陆地、空中或外层空间生命安全的所有电信以及世界卫生组织非常紧急的疫情电信，国际电信业务必须给予绝对优先权。同时，应始发方的具体要求，在不违反《国际电信联盟组织法》第40条和第46条规定的情况下，政务电信在可行范围内应享有先于其他电信的优先权。

《国际电信联盟组织法》还规定，各成员国根据其国家法律，对于可能危及其国家安全或违反其国家法律、妨碍公共秩序或有伤风化的私务电报，保留停止传递、截断电信传输的权利。同时，每一成员国均保留中止国际电信业务的权利，或中止全部业务，或仅中止某些通信联络和/或某几类通信、去向、来向或经转，但前提是该成员国必须立即将此类行动通过秘书长通知所有其他成员国。

四　无线电特别规则

《国际电信联盟组织法》还专门对无线电进行特别的规范。主要包括以下内容。

第一，针对无线电频谱和对地静止卫星轨道及其他卫星轨道的使用，其规定，各成员国应努力将所使用的频率数目和频谱限制在足以满意地提供必要业务所需的最低限度。同时，在使用无线电业务的频段时，各成员国应铭记，无线电频率和任何相关的轨道，包括对地静止卫星轨道，均为有限的自然资源，必须依照《无线电规则》的规定合理、有效和经济地使用，以使各国或国家集团可以在照顾发展中国家的特殊需要和某些国家地理位置的特殊需要的同时，公平地使用这些轨道和频率。

第二，在避免有害干扰方面，其规定，所有电台，无论其用途如何，在建立和使用时均不得对其他成员国或经认可的运营机构，或其他正式受权开办无线电业务并按照《无线电规则》的规定操作的运营机构的无线电业务或通信造成有害干扰。同时，各成员国应认识到，有必要采取所有实际可行的步骤，以避免各种电气装置和设施的运行对上述无线电业务或通信造成有害干扰。

第三，在遇险呼叫和电报方面，其规定，无线电台对于无论发自何处的遇险呼叫和电报，均有义务绝对优先地以同样方式予以答复，并立即采取必要的行动。

第四，在国防业务使用的设施方面，其规定，各成员国对于军用无线电设施保留其完全的自由权。但是，这些设施必须尽可能遵守有关遇险时给予援助和采取防止有害干扰的措施的法定条款，并遵守行政规则中关于按其所提供业务的性质使用发射类型和频率的条款。

除了上述核心原则，关于无线电的使用和利用等规则还反映在国际电信联盟行政规则——《无线电规则》中。

五 争议解决制度

为解决国际电信联盟成员国对法律文件解释和适用的分歧，《国际电信联盟组织法》第 56 条、《国际电信联盟公约》第 41 条等规定解决成员国之间争议的原则和程序。

1. 友好谈判

各成员国应通过友好磋商的方式解决分歧。即各成员国可以通过谈判、外交途径，或按照它们之间为解决国际争议所订立的双边或多边条约内规定的程序，或用相互商定的任何其他方法，解决它们之间关于《国际电信联盟组织法》、《国际电信联盟公约》或行政规则的解释或适用情况的争议。

2. 仲裁程序

如果友好谈判没有达成，作为争议一方的任何成员国可按规定程序请求仲裁。

首先，关于仲裁的启动。诉请仲裁的一方应将争议提付仲裁通知书交送争议的对方，以作为仲裁程序的开始。争议各方应协商决定将仲裁委托个人、主管部门或政府进行。如在争议提付仲裁通知书提出一个月以内各方仍未就这一点取得一致，则应委托政府进行仲裁。如系委托个人进行仲裁，为保证独立性和公正性，仲裁人既不得是争议一方的国民，其住所亦不得在争议一方的国内，同时亦不得受雇于争议一方。

其次，关于仲裁人的组成。争议双方均应在自收到争议提付仲裁通知书之日起的三个月以内各自指定一名仲裁人。如争议涉及两方以上，应由在争议中持相同立场的各方所构成的两个集团按照规定的程序各指定一名仲裁人。按上述规定指定的两名仲裁人应选择一名第三仲裁人。如这两名仲裁人未能就第三仲裁人的人选问题达成一致，则应各自提出一名与这项争议毫无关系的第三仲裁人的候选人，然后由秘书长抽签选定。在实践中，争议各方可以同意由一名共同指定的唯一仲裁人解决争议；或者可以由每一方提出一名仲裁人的候选人，并请秘书长从所提名的候选人中抽签决定由谁担任唯一仲裁人。

再次，关于仲裁的程序和规则。《国际电信联盟公约》规定，仲裁人或各仲裁人应自由决定仲裁的地点及所适用的程序规则。

最后，关于仲裁裁决的做出。唯一仲裁人的决定应为最后裁决，对于争议各方均有约束力。如所委托的仲裁人不止一名，则仲裁人多数票所做的决定应为最后裁决，对于争议各方均有约束力。如争议各方同意，仲裁人或各仲裁人的决定应告知秘书长。

3. 强制仲裁程序

在1992年签署《国际电信联盟组织法》《国际电信联盟公约》时，部分成员国签署了《关于强制解决与〈国际电信联盟组织法〉、〈国际电信联盟公约〉和行政规则有关的争议的任选议定书》，表示愿意诉诸强制仲裁，以解决关于《国际电信联盟组织法》、《国际电信联盟公约》及行政规则的解释或适用的任何争议。

该任选议定书拓展了《国际电信联盟公约》的相关规定，即争议双方均应自收到争议提付仲裁通知书之日起的三个月以内各自指定一名仲裁人。如果某一方在此期限内未指定仲裁人，则应根据另一方要求，由秘书长按照《国际电信联盟公约》第509款和第510款的规定行事，指定仲裁人，以此推动强制仲裁程序的开展。

六 加入、批准与退出

《国际电信联盟组织法》涉及成员国的加入、批准、保留和退出事项，具体如下。

第一，在加入问题上，《国际电信联盟组织法》第53条规定，非《国际电信联盟组织法》和《国际电信联盟公约》签署成员国可随时加入《国际电信联盟组织法》和《国际电信联盟公约》。加入证书应交由秘书长收存。秘书长应在收到每份加入证书后通知各成员国，并将该加入证书的一份经核证的副本交送每一成员国。除非证书内另有说明，加入证书应自交存秘书长之日起生效。

第二，在核准、接受、批准问题上，《国际电信联盟组织法》第52条规定，《国际电信联盟组织法》和《国际电信联盟公约》应由签署成员国按照其宪法条例用一份合一的证书同时予以核准、接受、批准。该证书应尽快交由秘书长收存。秘书长应将每份此类证书的交存情况通知各成员国。自《国际电信联盟组织法》和《国际电信联盟公约》生效之日起两年内，签署成员国即使尚未按照上述规定交存核准、接受、批准证书，仍可享有《国际电信联盟组织法》第25款至第28款赋予成员国的权利。同时，每份核准、接受、批准证书自交存秘书长之日起生效。

第三，在退出问题上，《国际电信联盟组织法》第57条规定，已核准、接受、批准或加入《国际电信联盟组织法》和《国际电信联盟公约》的每一成员国均有权宣布退出《国际电信联盟组织法》和《国际电信联盟公约》。如遇此种情况，应用一份合一的文书通知秘书长，同时宣布退出《国际电信联盟组织法》和《国际电信联盟公约》。秘书长一旦收到此类通知，应立即告知其他成员国。自秘书长收到通知之日起届满一年后，该退出文书生效。

第三节　国际电信联盟与其他组织机制的关系

作为国际电信规制的核心机构，国际电信联盟在发展与其他国际组织和机构关系的同时，不断强化和维护其主导地位。根据《国际电信联盟组织法》，国际电信联盟具有独立的国际法律人格，能够对外依法签署合作协议、履行相关义务，并独立参加国际活动。

一　国际电信联盟与联合国

第二次世界大战后，美国、苏联等开始创建新的全球国际组织——联合国，其旨在调整全人类所有共同的活动。国际电信联盟的加入对联合国

国际电信联盟

具有重要意义,因为其约束全球的电信活动,并且联合国认为引入现有最古老的国际组织对自身声誉具有积极影响。1947年10月15日,国际电信联盟和新成立的联合国签署将国际电信联盟作为联合国全球电信领域专门机构的协议。在联合国的建议下,在大西洋城全权代表大会上,国际电信联盟进行两个重要的结构转变。其一,创建由18个成员国的代表团组成的理事会,该理事会将每年一次在国际电信联盟总部召开会议。该理事会监督国际电信联盟机构的工作,并作为联合国和其他国际组织的联络处。其二,将国际电信联盟总秘书处国际化。其规定了国际电信联盟秘书长的选举由全权代表大会决定,并将总秘书处从瑞士伯尔尼转移到日内瓦,后者为联合国在欧洲的总部所在地。①

1949年1月1日,国际电信联盟与联合国签署的协议正式生效,国际电信联盟成为联合国的专门机构。1950年10月,联合国制定了《专门机构特权和豁免公约附件九——国际电信联盟》,赋予国际电信联盟及相关职员外交特权和豁免。

《国际电信联盟组织法》第49条:"联合国与国际电联之间的关系在这两个组织缔结的协定中做了规定。"在实践中,国际电信联盟重视发挥联合国专门机构的功能并强化与其他联合国附属机构的合作,共同制定为国际社会所普遍接受的规则。国际电信联盟是联合国重要的信息通信技术机构,作为联合国机构中历史最悠久的国际组织,国际电信联盟在信息通信技术、电信市场发展、基础网络建设等方面开展全球范围内的合作,并在减少数字鸿沟方面发挥着重要作用。

二 国际电信联盟与世界贸易组织

《国际电信联盟组织法》第50条规定,为促进国际电信事务的全面协调,国际电信联盟应与具有相关兴趣和从事相关活动的各国际组织进行合作。在国际贸易领域,尽管国际电信联盟是全球讨论电信问题的主要场

---

① 参见 George A. Codding Jr., "Evolution of the ITU," *Telecommunications Policy*, Vol. 15, 1991, pp. 278 – 279。

所，但是其主要涉及技术问题，而世界贸易组织是处理国际贸易议题的国际组织。这使得国际电信联盟和世界贸易组织业务产生关联。

在世界贸易组织法律框架下，《关于电信服务的附件》第1条指出，该附件考虑到电信服务不仅是某项经济活动，其也构成其他活动的重要传输工具，因此，该附件第3条将电信定义为"以电磁为方式的信号传输和接收活动"。由此，公共电信传输网络包括电报、电话、电传和数据传输等。[①] 但是，该附件也明确排除了影响电缆的措施，以及影响广播或电视播报分配的措施。换言之，《关于电信服务的附件》约束的对象为那些需通过获得和使用电信网络和服务才能有效运作的非电信业服务，如银行系统需要通过电信网络提供金融服务。[②]《关于电信服务的附件》的主要规定体现在第5条，其确保成员方的服务提供者可以在合理的和非歧视的待遇下，接入或使用其他成员方的公共电信传输网络和服务。[③]《服务贸易总协定第四议定书》附件《参考文件》规定了世界贸易组织成员方针对电信服务的额外承诺。根据《参考文件》规定，其仅适用于基础电信。《参考文件》大幅度地将电信行业自由化，通过引入特定行业的竞争法规，对成员方的国内监管环境进行约束。[④]《参考文件》第2部分要求以非歧视的方式、条件和费率，并且符合及时性要求的方式，提供网络和服务的相互连接。在第3部分到第6部分中，其进一步解决了普遍服务、许可、管制者独立性和稀缺资源等核心问题。

20世纪后期，美国等发达国家积极在世界贸易组织中推行电信服务贸易议题。其背后的原因主要有以下几个。第一，比起国际电信联盟，世界贸易组织更能够解决电信服务自由化议题；第二，以美国为代表的发达国家认为，国际电信联盟中的发展中国家影响力太强，服务贸易自由

---

① 《关于电信服务的附件》第3条第b项使用了"inter alia"，表明其不仅限于所列的传输方式。
② 《关于电信服务的附件》的适用范围，参见 Panel Report, Mexico – Measures Affecting Telecommunications Services, WT/DS204/R, 2 April 2004, paras. 7.273 – 7.288。
③ 接入义务也存在一定的例外，其体现在《关于电信服务的附件》第5条第e项和第f项中。
④ 参见 Rolf H. Weber, Mira Burri, *Classification of Services in the Digital Economy* (Berlin: Springer, 2013), p.65。

国际电信联盟

化不大可能成为国际电信联盟优先考虑的工作重点;第三,世界贸易组织中的货物贸易自由化进程为电信服务自由化谈判奠定了基础;第四,世界贸易组织的争端解决机制比国际电信联盟更加完善。[1]虽然世界贸易组织的电信服务贸易自由化进程以及争端解决机制目前遭遇困境,但是比起国际电信联盟,其至少制定了《关于电信服务的附件》《参考文件》等有约束力的法律文本。

1994年,国际电信联盟京都全权代表大会指出,国际电信联盟应加强和世界贸易组织的合作。2000年,国际电信联盟和世界贸易组织签署了合作协议,双方以观察员的身份参加对方的会议,并启动了共同研究、共同举办会议等机制。2006年,世界贸易组织秘书处对国际电信联盟编写的信息通信技术法规工具书提出了技术意见。世界贸易组织还广泛地参加国际电信联盟研究组和专家会议。例如,世界贸易组织派专家参与"下一代"网址赋能网络的监督会议等。[2]

三 国际电信联盟与国际标准化组织

国际标准化组织为非政府组织,成立于1947年2月23日,负责制定全世界工商业的国际标准。国际标准化组织总部设于瑞士日内瓦,成员包括165个国家标准化机构。[3] 国际标准化组织的目的和宗旨是,在全世界范围内促进标准化工作的开展,以便于国际物资交流和服务,并扩大在知识、科学、技术和经济方面的合作。其主要活动是制定国际标准,协调世界范围的标准化工作,组织各成员国和技术委员会进行信息交流,以及与其他国际组织进行合作,共同研究有关标准化问题。

国际电信联盟和国际标准化组织的联系历史悠久,双方相互邀请对方作为自身会议的观察员,以及研究组或工作组的观察员和参与者。国际电

---

[1] 参见 Marco C. E. J. Bronckers, Pierre Larouche, "Telecommunications Services and the World Trade Organization," *Journal of World Trade*, Vol. 31, 1997, pp. 5 – 48。

[2] 参见 "The WTO and ITU", WTO, https://www.wto.org/english/thewto_e/coher_e/wto_itu_e.htm。

[3] 参见 "About US", ISO, https://www.iso.org/about-us.html。

第三章 国际电信联盟的制度框架

信联盟与国际标准化组织具有密切的联系，特别是在电信标准制定上。例如，国际标准化组织与国际电信联盟的业务均涉及国际数据间交换议题，并合作推出《第五号国际电报字母表》。《第五号国际电报字母表》旨在避免双位编码的复杂性，在 1960 年由美国国家标准机构制定，并成为美国版本的信息交换密码。随后，国际标准化组织和国际电信联盟共同将该字母表发展为国际性的标准。

作为电信领域重要的国际组织，国际电信联盟与国际标准化组织进行相互协作。2005 年 8 月，国际电信联盟与国际标准化组织签署了《相互合作与文件交换协议》，其主要规定如下。第一，双方应加强合作。同时，其也明确了相互之间的信息公开与交流机制。第二，双方明确了国际电信联盟会议的建议和国际标准化组织的标准之间可相互援引、相互借鉴。第三，双方认识到有必要创设国际电信联盟和国际标准化组织直接磋商机制。第四，双方重申了标准使用的版权和其他知识产权问题。第五，其要求将相关信息及时地通报给对方。第六，进一步推进电子文件的交换，即提高透明度建设。[①]

除国际标准化组织外，国际电工技术委员会在电气工程和电子工程领域的标准制定上发挥着重要作用，其宗旨是促进电工、电子和相关技术领域有关电工标准化等所有问题（如标准的合格评定）上的国际合作。国际电信联盟与国际电工技术委员会等国际标准机构也在进行密切的信息交换与合作。

[①] 参见 "Agreement for Mutual Cooperation and Exchange of Documentation between the International Telecommunication Union and the International Organization for Standardization", https：//www.itu.int/dms_ pub/itu‐r/oth/0A/0C/R0A0C0000020001PDFE.pdf。

第四章
变革中的国际电信联盟

目前,国际电信联盟面临诸多挑战,特别是随着电信市场私有化和去规制化使得大型互联网企业的影响力增加,国际电信联盟在制定信息通信技术的国际规则、标准、方案上的作用有所弱化。为应对科技实践带来的挑战,国际电信联盟正通过重构发展议题、重组互联网规制理念以及重塑机制体制等思路探索转型的路径。

第一节 国际电信联盟与发展议题

一 国际电信联盟与可持续发展

联合国可持续发展目标是联合国设定的指导 2015～2030 年全球发展工作的目标与计划。2000 年 9 月,在联合国千年首脑会议上,共有 189 个国家签署《联合国千年宣言》,其核心议题为千年发展目标,旨在消除贫困和缩小贫富差距,实现人类共同发展。千年发展目标建构了一系列推动发展的核心目标,特别是提高最不发达国家的生活水平。

2015 年,联合国举办一系列研讨会,讨论继续推进全球发展议题。2015 年 9 月 25 日,联合国可持续发展峰会在纽约联合国总部召开,联合国 193 个成员国在峰会上正式通过 17 个可持续发展目标。信息技术的发展目标旨在使所有人能够使用网络和信息技术,并在社会上创造出更多的就业岗位,使发展更具包容性。信息技术的发展使人们更方便、更快速、更低负担地获取电子通信信息与技术,进而促进

国际电信联盟

信息和数据的远程交流与交换。因此,国际电信技术的发展与可持续发展密切相关。

电信技术不断为市场赋能。信息通信技术使得服务外包成为可能,以此推动更加成本可控的制造、更加灵活的管理以及更具包容性的创新。当前,互联网商业模式的兴起使得全球企业都能参与国际贸易。电信技术对发展的重要贡献在于两个层面:其一,电信技术使企业能够在全球层面实现规模经济;其二,电信技术使相关市场机会得以有效传播,进而促使企业利用信息技术获得商业机会,特别是促进中小企业发展。当然,政府也能通过信息通信技术加强政府机构与公民之间的交流。由此可见,与能源、电力、交通、水利资源一样,信息技术也是社会、经济发展的重要资源。国际电信的发展将推动全球实现可持续发展目标。

然而,电信发展需要一定的前提条件。其一,电信发展需要支撑信息技术的基础设施。当前,全球对宽带获得的不平衡性导致很多国家不能享受信息技术发展的红利。其二,发展中国家无法获取先进的技术与知识导致全球社会和经济的进一步失衡。更具体而言,网络技术发展带来了如下挑战。第一,互联网的兴起和信息技术的进步产生了网络安全问题。例如,越来越多的电力、水利、金融等基础设施或国家重要行业依赖信息通信技术,面临严峻的安全风险。第二,网络信息技术推动了人工智能等技术的发展,这也取代了现代社会中的部分工作机会。第三,信息技术的发展引发了全球能源资源的紧缺。特别是电信发展需要依赖电力能源,也需要占用土地资源,这可能对自然生态保护形成挑战。

因此,国际电信的发展必须协同联合国的可持续发展目标。作为联合国的专门机构,国际电信联盟在实现可持续发展方面做出了重要贡献。21世纪,国际电信联盟开始深度参与联合国的可持续发展事业。以教育培训为例,在社会生活中,教育培训对信息技术发展具有至关重要的作用,其能够进一步实现可持续发展。一方面,信息技术的发展提高了远程教育的可能性与可行性,特别是通过技术手段传输了网络与信息技能。另一方面,教育培训能够促进信息技术进一步发展,特别是推动网络平台建设,甚至能通过教育行业的壮大"反哺"数字经济。① 除关注教育外，国际电信联盟也关注科学研究的作用，以期通过信息技术手段推动可持续发展。在此层面，国际电信联盟正致力于为实现联合国可持续发展目标做出贡献。

二 国际电信联盟与发展中国家

第二次世界大战后，随着民族国家的独立，发展中国家包括最不发达国家纷纷加入国际电信联盟。它们在国际电信联盟全权代表大会的影响力也不断增强，并要求国际电信联盟进行改革以满足其发展要求。例如，1982年，在国际电信联盟内罗毕全权代表大会上，发展中国家不断拓展其影响力，并要求在公约中增加满足发展中国家要求的条款。

在电信发展过程中，发展中国家面临电信投资资本不充分、电信管理技术缺乏等问题。与水利、电力等资源相比，发展中国家并没有将电信视为优先发展的重要事项。由于部分发达国家不重视发展援助计划，国际电信联盟一度沦为发达国家和发展中国家国际政治博弈的场所。在讨论中，美国等一些发达国家甚至扬言要退出国际电信联盟。② 它们认为国际电信联盟应重点关注技术性标准议题，而非经济、政治和社会等议题。美国认为，由于国际电信联盟的政治化，其将难以继续符合美国的利益。尽管存在不同的认识，发展中国家仍然通过国际电信联盟表达其利益诉求。

20世纪80年代，国际电信业务陷入缓慢发展状态。其主要原因在于发达国家和发展中国家不断扩大的信息鸿沟。为应对国际电信发展的困境，国际电信联盟在实现电信网络可交互性以及无线电频谱、卫星轨道资源合理分配等目标外，增加了发展目标。1989年，国际电信联盟尼斯全

---

① 参见 Ahmad R. Sharafat, William H. Lehr, *ICT - centric Economic Growth, Innovation and Job Creation* (Geneva: ITU, 2017), pp. 239 - 255。

② 参见 Brian E. Harris, "The New Telecommunications Development: Bureau of the International Telecommunication Union," *American University Journal of International Law and Policy*, Vol. 7, 1991, pp. 83 - 104。

国际电信联盟

权代表大会授权相关委员会审查国际电信联盟的结构缺陷，该委员会指出国际电信联盟缺乏发展机制，无法确保各国获得公平的发展机会，因此要求国际电信联盟增强技术援助机制。

国际电信联盟尼斯全权代表大会设立了新的组织机构——电信发展局。其独立于标准化和电信规制部门。电信发展局的功能是推动全球电信的发展，主要规定如下：第一，提高政策决策者对于电信重要性的认识；第二，与国家的、区域的、国际的组织机构进行合作，共同推动电信的发展；第三，提高私人行业在电信发展过程中的参与程度；第四，形成电信发展的战略计划并支持电信发展局的会议。

在电信发展过程中，发展中国家缺乏技术设备、可连接网络以及支持网络发展的技术知识。电信服务受限于地理范围，特别是在发展中国家的农村地区。因此，维持较好的电信基础设施对现代经济发展非常重要。发达国家和发展中国家还面临电信市场公平竞争的问题，这也要求发展中国家的电信市场得到进一步发展。国际电信的发展能够帮助公民实现既有的权利。提高电信系统的可获得性，也能够帮助行政机构及科研机构提高效率。例如，信息的即时传输可向农民提供干旱预警，还可抑制市场价格肆意波动等。

在电信市场培育中，发展中国家特别是最不发达国家不愿将其有限的财政资源投入电信基础设施。因为电信基础设施的投入无法获得短期的外汇收入。究其根本，发展中国家电信发展的瓶颈在于资金的匮乏。国际电信联盟电信发展局成立后，向发展中国家提供了诸多资金和技术援助，进而缓解了部分成员国的发展难题。

信息时代的到来推动了对无线电频谱、卫星轨道资源等的需求，这也造成了发达国家和发展中国家之间的冲突。本质上，无线电频谱、卫星轨道资源等具有双重价值。电信业务的开展受限于地理范围，需要有特定的频率标记。同时，对地静止卫星的轨道也是有限的，仅在特定空间内可行。在此层面，电信资源的物理特征导致其资源极其有限。在实践中，有些发达国家掌握了卫星发射技术，能够获得经济上的"先占"优势，进而可能阻碍未来发展中国家利用资源。为合理进行公共资源配置，发达国

第四章 变革中的国际电信联盟

家和发展中国家在国际电信联盟中进行辩论。① 鉴于发达国家和发展中国家的发展机会不均等，无线电频谱和卫星轨道资源的公平获得问题得到特别关注。由于发展中国家在国际电信联盟中占据大多数席位，而国际电信联盟采取"一国一票"的方式，最终国际电信联盟对无线电频谱和卫星轨道资源考虑采用先验（priori）规划的原则，进而确保国际电信资源分配的公平与公正。

三 国际电信联盟与青少年发展

世界各国领导人在信息社会世界峰会上确认，青年是未来的中坚力量和信息通信技术的率先采用者，因而呼吁提高他们的能力。信息社会世界峰会《日内瓦行动计划》号召各国政府通过本国的信息通信战略满足青少年特别是边缘化和其他处境不利及弱势群体的特殊需求，并通过采取适当的教育管理和立法措施，确保上述群体完全融入信息社会。《日内瓦行动计划》还鼓励提供便于儿童以可承受的价格获得信息通信技术的服务和辅助性技术，并推动开发适合其需求的各种应用。

近年来，国际电信联盟发起了多项针对发展中国家和经济转型国家青少年的全球特别举措，旨在增进他们对信息通信技术的接触、了解和使用，促使他们融入信息社会并为之做出贡献。上述综合举措要求政府和私营部门开展合作，让青少年的成长也能受益于信息通信技术。具体而言，包括以下计划。

第一，青年教育计划。该计划旨在支持青年参与信息通信技术教育，因为这是缩小数字鸿沟的决定性解决方案。为此，信息社会世界峰会号召国际电信联盟成员国和部门成员承诺提供更多奖学金，使发展中国家和最不发达国家的学生能够学习信息通信技术领域的高级课程。

第二，青年激励计划。这是一项工作实习举措，旨在通过鼓励和支持

---

① 参见 Martin A. Rothblatt, "New Satellite Technology, Allocation of Global Resources, and the International Telecommunication Union," *Columbia Journal of Transnational Law*, Vol. 24, 1985, pp. 37 – 50。

国际电信联盟

国际电信联盟成员国和部门成员提供最初的实习工作机会，让青年与信息通信技术领域结缘。为此，信息社会世界峰会提倡，国际电信联盟成员国和部门成员在各自的机构/公司中向信息通信技术及相关领域的青年专业人员提供实习机会。

第三，国际电信联盟电信展青年论坛。该论坛旨在发起一项竞赛，邀请参赛者提出促使青年融入信息社会的项目。国际电信联盟青年计划有助于积极向上的论坛成员将其创新理念落实为具体项目，并在各自的地区、国家或社区付诸实施。为此，信息社会世界峰会鼓励国际电信联盟成员国和部门成员赞助青年论坛成员所提项目的落实工作。

第四，建立全球儿童求助热线网络，并向青少年提供网络安全信息。信息社会世界峰会指出，儿童求助热线在帮助遇险儿童方面发挥着重要作用，同时，其确认应向青少年提供使用信息通信技术的支持、建议和指导。为此，信息社会世界峰会鼓励国际电信联盟成员国和部门成员在各自国家/地区推广这一全球性门户网站，在未及覆盖的地区建立儿童求助热线，并促请国际电信联盟成员国和部门成员采取提高儿童网上安全性的具体措施。[①]

第二节 国际电信联盟与互联互通议题

一 国际电信联盟与互联网治理

1998年，国际电信联盟美国明尼阿波利斯全权代表大会正式提出"互联网治理"概念。"互联网治理"与"互联网管制""互联网规制"并非相同的概念。虽然规制（regulations）时常可以与治理（governance）合并[②]，但是规制侧重于从国内角度考察行政执法活动，而治理一般涉及

---

① 参见《联合国儿童议题——国际电信联盟》，联合国，https://www.un.org/chinese/children/issue/itu.shtml。
② 参见 Jonathan Cave, "Policy and Regulatory Requirements for a Future Internet," in Ian Brown, eds., *Research Handbook on Governance of the Internet* (Cheltenham: Edward Elgar, 2013), p.146。

第四章　变革中的国际电信联盟　**International Telecommunication Union**

国家间多主体的管理活动，包括非政府组织、跨国公司等主体的活动。一般而言，规制意味着由国家权力机构发布和执行规则，该定义并不包括那些受规制的实体和行为者发布的文件。例如，在网络社区内，由网民自发地形成一套公民道德体系，其无须通过使用法律规范和国家管辖权的外部方式管理跨国或国际网络空间。① 该公民道德体系为互联网治理措施，而非规制措施。

与规制不同，全球治理需要制度与组织来发挥重要作用。同时，全球治理实践也有助于完善具体组织与制度。简言之，治理制度实质上是为应对互联网全球性问题而采取的由多元行为主体合作提供全球公共物品的集体行动机制。因此，互联网全球治理不应仅仅关注各国政府的互联网政策与公民社会参与的政策决策过程，还需要关注不断凸显的制度话语权与组织建设进程。②

如前所述，互联网自下至上分别由物理层、规则层和内容层组成。③ 物理层包括电缆、光纤、发射塔、卫星等基础设施；规则层主要包括互联网的各项标准和协议，如互联网名称和代码分配机构（ICANN）负责创设和分配的域名设置规则，以及互联网工程任务组（IETF）负责制定的互联网相关技术规范等④；内容层则通过制定详细的法律或规范体系，管理网络上储存、发送和接收的信息与数据，包括对网络犯罪等的治理机制。网络空间的良性运作，与上述三个层次的协调与发展息息相关。物理层的基础设施架构起互联网运作的物质支撑；规则层突破跨越时空通信的技术难题，并使互联网在全球实现一体化；内容层则保障了公民的权利和国家的安全。正是基于此，互联网成为全球公民的生活空间之一。因此，

---

① 参见 David R. Johnson, David G. Post, "The New 'Civic Virtue' of the Internet," *First Monday*, Vol3, 1998, https://www.researchgate.net/publication/220168146_The_New_%27Civic_Virtue%27_of_the_Internet。
② 参见王明国《全球互联网治理的模式变迁、制度逻辑与重构路径》，《世界经济与政治》2015 年第 3 期，第 48 页。
③ 参见 Lawrence Lessig, *The Future of Ideas: The Fate of the Commons in a Connected World* (New York: Random House Inc., 2001), p.23。
④ 参见 Paul Rosenzweig, "The International Governance Framework for Cyber Security," *Canada - United States Law Journal*, Vol. 37, 2012, pp. 409 – 410。

国际电信联盟

互联网治理需从其基本架构着手。

第一，互联网中的物理层主要为支撑互联网的基础设施，可以分为两种类型。其一，国家及个人的私有物，如光纤、电缆等，该实在物的作用在于实现数据流通，国家及个人对上述基础设备有所有权，这些基础设备好比航行在海洋中的船舶；其二，支撑整个互联网的基础设施，主要为根服务器、数据交换中心等，其本质上不属于任何国家及个人，而属于全球公域的范畴。全球互联网根服务器有13台，唯一的主根服务器在美国，其余12台辅根服务器中有9台在美国。目前，ICANN负责对根服务器的管理。

第二，在互联网的规则层中，存在众多的非政府公益组织进行规则制定。其中，最为重要的两个非政府组织为ICANN和IETF。ICANN是专门为创造和分配域名设置规则的非政府组织，IETF主要负责互联网相关技术规范的研究和制定。[1] 上述两个非政府组织共同架构起互联网的基础，其也通过创设行动计划、制定技术性规范等给服务提供商以指导和借鉴。需要明确的是，由于ICANN等非政府组织曾由美国政府进行管理，机构的独立性饱受争议。

近年来，国际电信联盟试图发挥在互联网领域的治理作用，这得到了广大发展中国家的支持。2006年，时任国际电信联盟秘书长的哈玛德·图埃表示，国际电信联盟应该作为互联网治理的主要机构之一，以解决互联网安全问题并缩小数字鸿沟。2010年7月，在联合国主导下，国际电信联盟制定了一项减少互联网风险的条约文本草案，后因各国分歧较大，条约文本的签署不得不搁置。

国际电信联盟还把制定互联网领域的规则作为一项基础工作。2012年，世界国际电信大会出台了新版《国际电信规则》，但是美、英等西方国家以"网络中立"为由反对联合国专门机构对互联网拥有治理权，没有签署该文件，导致其迟迟无法生效。国际电信联盟试图从关注信息通信技术转向同时关注互联网领域的治理。然而，其也面临诸多阻力。例如，

---

[1] 参见 Paul Rosenzweig, "The International Governance Framework for Cyber Security," *Canada-United States Law Journal*, Vol. 37, 2012, pp. 409–410。

第四章 变革中的国际电信联盟

欧盟委员会副主席兼数字议程事务专员尼莉·克罗斯反对以国际电信联盟作为互联网治理的基础。其指出:"有人要求国际电信联盟来控制重要的互联网职能。我认为各国政府都要发挥重要作用,但自上而下的方法并不合适。我们必须强化多权益方模式,继续让互联网成为快速的创新发动机。"[1]

在信息社会世界峰会上,国际电信联盟原本寄希望夺取互联网治理的主导权,但是铩羽而归。这导致2006年互联网治理论坛首次会议上,即将离职的国际电信联盟秘书长内海善雄发表了著名的演讲,将世界各国拒绝国际电信联盟接替ICANN比作希腊拒绝接受苏格拉底的智慧。[2]

信息社会世界峰会的召开与国际电信联盟的活动也促进了网络安全议题讨论的兴起。围绕全球网络安全议程,国际电信联盟对网络安全问题持续投入关注,先后提出"不首先实施网络袭击""探寻网络和平"等倡议,积极引领网络安全议题的发展方向。[3]

2012年,迪拜世界国际电信大会揭开了互联网治理的大辩论。该次会议目的在于审议、修改旧的《国际电信规则》,该规则自1988年重新修订之后就再未修改,已经远不能适应互联网时代的发展要求。然而,在应不应该把互联网问题纳入新的《国际电信规则》之内的问题上,与会各国产生重大分歧,形成相互对立的两大集团。经各方让步,国际电信联盟最终通过了最后文件。从新的《国际电信规则》文本及签署情况来看,尽管尚有相当数量的国家持反对意见,但政府间互联网治理模式的国际支持有所增加,因为毕竟与信息社会世界峰会、互联网治理论坛不同,国际电信联盟是具有法律约束力的正式国际机制。类似的情况还发生在2014年釜山国际电信联盟全权代表大会上,许多国家再次提出旨在提高主权国家地位的方案建议,并引起激烈争论。例如,俄罗斯提议由国际电信联盟接

---

[1] 王明国:《全球互联网治理的模式变迁、制度逻辑与重构路径》,《世界经济与政治》2015年第3期,第71~72页。

[2] 参见王明国《全球互联网治理的模式变迁、制度逻辑与重构路径》,《世界经济与政治》2015年第3期,第71~72页。

[3] 参见刘建伟《恐惧、权力与全球网络安全议题的兴起》,《世界经济与政治》2013年第12期,第56页。

国际电信联盟

管网络地址分配工作,阿拉伯国家联合建议增强各国政府在互联网决策中的作用并赋予国际电信联盟以制定法律和政策框架的角色来打击非法的国际网络监控。[①]

互联网治理需要国家的支持与主导。其一,正如约翰·奥斯汀所言,法律就是主权者的命令,网络空间需要国家确认互联网活动的合法性,并对电信基础设施的建设提供支持。一方面,传统权利在网络空间的行使需要国家确认。另一方面,与网络相关的新型权利形式需要国家认可。其二,互联网存在众多的欺诈、色情、赌博、违反知识产权等非法活动,其需要国家进行治理,并提供对私人利益受损行为的救济措施。作为信息传递的媒介,即时交互的、匿名的、虚拟的网络空间存在诸多欺诈、网络赌博、色情交易等不法现象,国家应对网络不法行为进行有效规制。其三,网络空间存在国家边界。互联网通信都是从一个固定场所的节点到达另一个固定场所的节点。2011年"阿拉伯之春"中,埃及、利比亚能够迅速关闭本国的互联网准入端口,这证明当前的互联网规制技术已经在网络空间中创造出电子领土(E-borders)。[②] 在网络空间中,国家已有能力进行域内的监管和控制。通过互联网的进入点和出去点控制,在实践中,国家也可以通过客户端定位或服务器端定位,辨别出个人所处的地理位置。由此可见,网络空间已存在电子领土,无法免于国家的管辖。[③] 然而,互联网无法免于国家之间的机制协调。国家单边的互联网治理行动将必然导致互联网的碎片化,这显然不利于国际电信的发展。因此,在互联网治理过程中,国家间应进行充分的磋商和讨论,并积极创设协调机制。在此意义上,作为联合国的专门机构,在当下及未来,国际电信联盟应在互联网治理中发挥更大的作用。

[①] 参见刘建伟《国家"归来":自治失灵、安全化与互联网治理》,《世界经济与政治》2015年第7期,第115页。

[②] 参见 Tim Gerlach, "Using Internet Content Filters to Create E-Borders to Aid in International Choice of Law and Jurisdiction," *Whittier Law Review*, Vol. 26, 2005, p. 912.

[③] 参见孙南翔《论网络经济主权的形成及其合作模式》,《网络信息法学研究》2018年第2期,第246页。

二 国际电信联盟与信息自由

对于互联网的互联互通议题而言，绕不开的话题便是信息自由问题。与电信领域相关的信息自由议题至少包括两个层面。

其一，互联网接入权。其具体包括基础设施的接入、内容的获得两项内容。在电子环境下，信息的分发和获得都需要依赖于基础设施、软件、硬件等的接入。基础设施的接入为电信法和内容管制法的规制对象。虽然传统上，电信法和内容管制法是相互分开的，但是在信息社会，其截然可区分的状态不复存在。综合而言，互联网接入权包括：获取内容的权利保障，免除恣意的、无理由的内容过滤或阻碍影响；使用互联网相关的基础设施和信息技术产品的权利。

其二，作为媒介的互联网权利。1948年《世界人权宣言》第19条规定了表达自由，即应确保公民的观点和表达自由的权利。该权利包括不受非法干扰的获取和发表观点的权利，以及通过任何媒介寻求、接收和传递信息的自由，该权利不受限于地理疆界。总体而言，该条款规定了两项权利：表达自由的权利，寻求和获取信息的权利。在保护个人寻求、接收和传递信息自由时，上述条款的核心关键词是"媒介"（media）。2011年，拉昌指出，明确提及任何个人具有通过任何媒介表达的权利，反映了起草者已考虑到与个人行使自由表达权相关的未来技术发展的可能性。基于此，国际人权法框架与国际电信事业的发展密切相关。[①]

信息自由是国际电信联盟面对的重要议题。然而，当前国际电信联盟在信息自由层面并未做出足够的贡献。一方面，一些西方专家认为重视国家在互联网治理中的作用必然导致信息自由被破坏，因此，他们倾向于以"多利益相关方"的模式磋商并讨论信息自由议题；另一方面，国际电信联盟在互联网去中心化的过程中，并没有对信息自由等核心理念做出明确的阐述。因此，国际电信联盟在互联网信息治理层面的作用

[①] 参见孙南翔《世界贸易组织法视角下的互联网自由与人权问题研究》，载陈泽宪主编《人权领域的国际合作与中国视角》，中国政法大学出版社，2017，第282~285页。

国际电信联盟

被弱化。然而，互联网治理无法离开国家的有效介入，因为国家对信息自由提供基础性的保障。有鉴于此，国家应该着手创建信息自由的法律框架。作为联合国的专门机构，国际电信联盟应在信息自由方面发挥更大的作用。

作为目前最古老的国际组织，国际电信联盟拥有150多年的发展历史。最初，国际电信联盟成立的目的在于在成员国之间寻求技术、关税等的协调。其后，国际电信联盟将重点转移至电报和电话领域的技术标准制定。当前，国际电信联盟的核心在于无线电管理、电信标准制定以及发展议题。在未来，国际电信联盟应更加重视信息自由，并为全球信息和数据的自由流动贡献智慧。

近年来，俄罗斯试图将国际电信联盟拓展为覆盖范围更广的机构，然而该建议尚未得到通过。在实践中，也有观点认为，国际电信联盟能够协同各国促进互联网的发展。就目前而言，国际电信联盟具有规制互联网的国际法基础。早在1980年，国际电信联盟就主张对一体化的宽带媒体的管辖权。其后，这个一体化的宽带媒体成为互联网。事实上，国际电信联盟也通过了诸多涉及互联网的决议，最早可以追溯到20世纪90年代后期，国际电信联盟因此在互联网技术标准制定方面发挥了历史性的作用。比如，其通过相关决议实现了电子邮件系统间信息传递。国际电信联盟第102号决议也要求秘书长在国际范围内讨论和解决互联网域名等互联网资源配置问题。同时，国际电信联盟要求成员国避免单边的或者歧视性的行为。[1] 在此层面，国际电信联盟可以拓展其相关法律文本，强化国际电信联盟在互联网治理中的作用。例如，国际电信联盟可起草并谈判关于信息自由的议定书。

当然，在推进信息自由进程中，国际电信联盟也存在一些缺陷。例如，在历史发展过程中，国际电信联盟更多地支持国家参与，而忽略了

---

[1] 参见 Jason Gerson, "A Grand Bargain Among the International Telecommunication Union's Skeptics and Proponents: Building a Third Way Toward Internet Freedom," *Georgetown Journal of International Law*, Vol. 47, 2016, pp. 1459 – 1496。

非国家行为者的利益诉求，特别是一些大型互联网企业的利益诉求，而后者的影响力甚至超过了一些国家。如果国际电信联盟无法充分吸引此类群体参与，其决策将缺乏公众的参与，公众也无法支持国际电信联盟在信息自由层面发挥更大的作用。当然，此问题也涉及国际电信联盟的机制体制议题。

第三节　国际电信联盟与机制体制议题

一　国际电信联盟与透明度建设

国际电信联盟曾遭受透明度建设不足的质疑。第一，国际电信联盟的工作文件对公众而言是较难获得的，并且国际电信联盟的一些文本也是保密的。当前，由于国际电信联盟以国家谈判为决策依据，坚守保密性能够促进国家自由进行磋商和交流。然而，由于国际电信联盟决策缺乏透明度，其对互联网规制的努力饱受猜疑。第二，国际电信联盟本身的监督机制存在缺陷。国际电信联盟的主要监督机构为全权代表大会，在全权代表大会闭会期间，理事会享有大会的监督权能。实际上，国际电信联盟的内部和外部制衡机制较少。若其无法建立起完善的透明度机制，公众对国际电信联盟运作的不信任感将与日俱增。第三，国际电信联盟和社会之间的直接沟通机制缺失。例如，一些社会团体不相信国际电信联盟中的重要信息会得到及时的、充分的、全面的披露。

虽然为应对透明度质疑，国际电信联盟于 2018 年通过了《国际电联信息/文件获取政策草案》，然而与其他国际组织相比，国际电信联盟在信息提供方面仍存在诸多可改进之处。① 基于此，国际电信联盟未来应强化透明度建设。②

---

① 例如，相比其他国际组织，国际电信联盟的图书馆一般不对外开放，其图书馆工作人员也相对较少。
② 参见 Audrey L. Allison, "Meeting the Challenges of Change: The Reform of the International Telecommunication Union," *Federal Communications Law Journal*, Vol. 45, 1992, pp. 491–540。

国际电信联盟

第一，国际电信联盟应设计透明度的标准。在技术层面，国际电信联盟应重视相关会议制度的公开要求。当前，各成员国都在致力于政府信息透明化建设。作为国际组织，国际电信联盟可以采取政务信息公开的原则，将相关的信息和数据公之于众。特别是国际电信联盟可专门制定信息开放清单及其原则。信息开放的原则包括整体性、直观性、及时性、物理和电子形式的可获得性、机器的可阅读性、非歧视性等。国际电信联盟应进一步编撰相关的指南、建议，并将评论性意见入口提供给社会公众。

第二，扩大信息开放的范围。国际电信联盟对某些公共信息采取定价销售策略，非成员必须支付市场费用，国际电信联盟从相关信息以及期刊等材料的销售中获取利润。当然，国际电信联盟近年来遇到会费下降的财务压力。[①] 然而，作为国际组织，其核心工作应是推进国际电信的发展，特别是为最不发达国家、小微企业等提供发展机会。信息获得的不充分会导致新的发展不均衡。从此层面看，国际电信联盟应扩大信息开放的范围，使全球共享技术红利和发展机会。国际电信联盟信息开放的不足还与其人员配置有关，国际电信联盟图书馆人员团队规模较小且没有足额的资金支持，对相关信息的编撰和整理无法满足公众的需求。除服务国家谈判外，国际电信联盟也应进一步提升其信息化水平。

第三，强化内部信息沟通。根据联合国报告，国际电信联盟管理机构和相关管理处室的结构表明，与联合国系统中组织规模和资源类似的其他机构相比，其管理结构的复杂性独一无二。这说明国际电信联盟采用的是一种"联邦"模式，而非联合国系统其他组织常用的"统一"（Unitary）模式。"联邦"模式可能带有固有风险，包括法律条款之间缺乏连贯性，不同部门的职责间缺乏和谐统一，问责制不清，报告关系含糊，在组织范围内开展有效协调面临实际挑战，以及可能出现职能部门之间的重复工作

[①] 参见《审查国际电信联盟（ITU）的管理和行政管理》，联合国联合检查组/REP/2016/1，第 22 页，https：//www.unjiu.org/sites/www.unjiu.org/files/jiu_document_files/products/zh-hans/reports-notes/JIU%20Products/JIU_REP_2016_1_Chinese.pdf。

和重叠，等等。① 同时，除行政规定和办公备忘录外，管理层与职员的主要内部沟通渠道是国际电信联盟的门户网站。该网站向总部和驻地职员提供了在线设施，按照职员在分层组织架构中的职能和作用来确定其获取信息的权限。由于内部信息流动不通畅，国际电信联盟产生了重复工作等问题。有鉴于此，国际电信联盟应进一步强化内部沟通机制建设。

二 国际电信联盟与公众参与

回溯历史，国际电信联盟的决策机制并未引入公共参与机制。即使是电信领域的峰会和论坛，国际电信联盟也仅向成员国与少数利益相关方公布。同时，国际电信联盟更多采取与技术专家进行单独对话的方式，相关对话记录也并没有公开。从某种程度上来说，国际电信联盟倾向于排除私人行业的参与。一方面，国际电信联盟相关法律文件很少提及"利益相关方""多边主义"等术语。因此，私人行业无法充分相信国际电信联盟，甚至认为国际电信联盟会压制私人行业的利益诉求。另一方面，传统上，国际电信联盟更多地关注技术问题，而非政治、经济和社会问题。这也导致国际电信联盟部分忽视了公民的利益主张。更重要的是，当前国际电信联盟处于迅速变化的信息通信技术环境中，其若干核心领域面临一些其他实体的竞争，特别是来自私人部门实体的强力竞争。从某种程度上来说，私人行业成了国际电信联盟规制权扩张的竞争者、反抗者。

然而，为应对21世纪的电信发展需要，国际电信联盟应不断调整自我以适应快速变化的外部环境，并确保在信息通信技术领域继续保持其应有的地位。② 国际电信行业的治理需要私人的参与，也需要回应社会公众的需求。

---

① 参见《审查国际电信联盟（ITU）的管理和行政管理》，联合国联合检查组/REP/2016/1，第 6 页，https：//www.unjiu.org/sites/www.unjiu.org/files/jiu_document_files/products/zh-hans/reports-notes/JIU%20Products/JIU_REP_2016_1_Chinese.pdf。

② 参见《审查国际电信联盟（ITU）的管理和行政管理》，联合国联合检查组/REP/2016/1，第 3 页，https：//www.unjiu.org/sites/www.unjiu.org/files/jiu_document_files/products/zh-hans/reports-notes/JIU%20Products/JIU_REP_2016_1_Chinese.pdf。

国际电信联盟

　　国际电信联盟必须提高私人参与的程度。第一，在法律机制上，国际电信联盟可探索修改《国际电信联盟公约》等法律文件，在法律上赋予利益相关者参与相应的会议的权利。不管是国际电信联盟全权代表大会、理事会会议，还是国际电信联盟组织机构的其他会议，均应探索公众参与的可能性及可行性。[①] 第二，在程序上，国际电信联盟应构建公众参与的程序机制。国际电信联盟应降低利益相关方获取国际电信联盟文件的壁垒，并进一步支持私人行业、公民组织获取相应的信息材料，使互联网的发展真正落实共商共建共享的理念与原则。第三，在措施上，国际电信联盟应激励各国技术专家、社会代表共同讨论全球电信议题，进而使国际电信联盟成为更广泛地讨论全球利益的磋商场所。当然，国际电信联盟也应进一步推广公共参与的最佳实践，特别是在重大决定中引入公共听证等程序，从而提升国际电信联盟在国际电信规制领域的地位。

[①] 参见 Audrey L. Allison, "Meeting the Challenges of Change: The Reform of the International Telecommunication Union," *Federal Communications Law Journal*, Vol. 45, 1992, pp. 491 – 540。

第五章

中国在国际电信联盟中的地位与作用

国际电信联盟是联合国主管信息通信技术事务的重要专门机构,也是联合国机构中历史最长的国际组织。国际电信联盟制定了诸多法律文件。以《国际电信规则》为例,其是各成员国及其公民进行国际信息通信交往的行为准则,是成员国在处理国际信息通信关系时应当遵循的国际法律规则。国际电信联盟与中国具有密切的联系。中国于1920年加入国际电报联盟,1932年首次派代表团参加在马德里召开的全权代表大会,签署了《国际电信公约》。1972年5月,国际电信联盟理事会第27届会议通过决议恢复中国的合法席位。此后,我国积极参加了国际电信联盟的历次会议和活动。

第一节 中国与国际电信联盟的关系

一 中国与国际电信联盟关系的历史梳理

在国际电信联盟的历史发展过程中,中国一直是国际电信联盟的支持者和重要参与者。在参与国际电信联盟活动的同时,中国实际上也参与到全球国际电信法律秩序制定过程中。

中国最早接触国际电报联盟是在清政府试创电报时期。1908年5月,清政府邮传部派出电政局襄办周万鹏、总管德连升携吴桂灵、荣永青参加里斯本会议。荣永青等回国后,将《国际电报公约》等翻译成中文,于1910年11月刊行。[①] 然而由于政局不稳并受军阀混战影响,中国当时未

---

① 参见夏维奇《拒请与申入:近代中国与万国电报公会》,《复旦学报》(社会科学版) 2012年第6期,第71页。

国际电信联盟

能加入国际电报联盟。

1920年，中国正式加入国际电报联盟。1932年，中国首次派代表参加在马德里召开的全权代表大会，签署了《国际电信公约》。1947年，在美国大西洋城召开的全权代表大会上，中国第一次被选为理事会的理事国。在此次会议上，中文被纳入官方语言，与法语、英语、西班牙语和俄语等共同成为国际电信联盟的官方语言。

新中国成立后，中国在国际电信联盟的合法席位曾被非法剥夺。1972年5月，国际电信联盟理事会第27届会议通过决议恢复中国的合法席位。此后，中国积极地参与到国际电信联盟的会议和活动中。

1994年开始，中国与国际电信联盟的关系日益密切。1994年4月20日，中国通过国际专线正式接入国际互联网。同年，国际电信联盟与我国信息产业部门共同在北京举办电信发展研讨会。该研讨会使中国和国际电信联盟加强了相互了解。中国也获得国际电信联盟的科学研究团队的支持，进而发展国内的互联网及电信基础设施。同时，中国通过国际电信联盟努力推动发达国家与发展中国家的合作，解决全球电信资源发展不均衡的问题，以此消除发达国家和发展中国家的数字鸿沟。

1997年，第八届全国人民代表大会常务委员会第二十五次会议决定批准中国政府代表于1992年12月22日在日内瓦签署的《国际电信联盟组织法》和《国际电信联盟公约》。

自1997年7月1日起，中国香港特别行政区政府的代表以中国代表团成员的身份，在涉及与香港特别行政区有关的问题时，出席国际电信联盟的全权代表大会和行政大会。经认可的香港特别行政区私营电信机构还参加了电信标准化部门、无线电通信部门和电信发展部门的会议。

自1999年以来，我国与国际电信联盟的关系继续发展，特别是我国逐渐认识到电信政策具有全球性。1999年，中国信息产业部门和国际电信联盟在北京共同举办了第三代移动通信任务组会议，近30个国家的200多名代表出席了会议。会议主要讨论了第三代移动通信的无线传输技术标准。同年6月14日至25日，国际电信联盟理事会会议在日内瓦举行，46个理事国的277名代表和19个非理事国的29名观察员出席了会

第五章 中国在国际电信联盟中的地位与作用

议，中国信息产业部派代表团出席。理事会会议主要审议通过了国际电信联盟2000~2001年财务预算，讨论了国际电信联盟的管理、职能和机构改革问题，研究通过了卫星网络申报成本回收的具体办法，审议了国际电信联盟与世界贸易组织合作协议的内容和解决办法等议题。1999年，中国驻日内瓦代表团大使乔宗淮代表中国政府与时任国际电信联盟秘书长的内海善雄在日内瓦签署了《国际电联与东道国协议书》。

2000年5月，世界无线电通信大会在土耳其召开。会议主要讨论现有的电报通信频率和卫星轨道的分配等议题。同时，会议还讨论了电报通信的频率再分配和对亚洲轨道的安排等议题。同年，中国继续参加国际电信联盟2000年在日内瓦召开的会议，与其他成员国共同讨论国际电信联盟结构性改革议题，以及国际电信联盟和其他组织关于合作的议题。此后，中国还参加了电信通信标准化会议。

2002年，中国继续积极参与国际电信联盟的各项活动。国际电信联盟在土耳其举行世界电信发展大会，大会主题是"缩小数字鸿沟"。与会各国就如何缩小数字鸿沟进行了广泛而深入的讨论，交流了各自电信发展的经验。大会最终通过《伊斯坦布尔宣言》和《伊斯坦布尔行动计划》。时任信息产业部副部长的张春江率中国代表团出席会议。张春江副部长在会上介绍了中国信息产业20多年来的发展经验及取得的成就。

2002年，国际电信联盟在摩洛哥马拉喀什举行四年一届的全权代表大会，共有158个成员国、27个国际和区域性组织的代表参会。时任信息产业部部长的吴基传率中国代表团与会。大会审议了国际电信联盟未来四年的战略、财政和运作规划，修订了《国际电信联盟组织法》和《国际电信联盟公约》的相关条款，并讨论了信息社会世界峰会的相关议题。

2008年，在十一届全国人大会议后，新成立的工业和信息化部取代原来的信息产业部，代表中国政府出席了国际电信联盟的会议。为了更好地参与国际电信联盟的工作，我国设立了与国际电信联盟技术性活动相关的专职办公室——国际电信联盟办公室，该机构隶属于工业和信息化部科

103

国际电信联盟

技司。国际电信联盟办公室制定了《我国参与国际电信联盟研究组活动的管理办法》《我国向国际电信联盟研究组提交文稿的暂行规定》等一系列规章制度。①

在 2012 年举办的世界国际电信大会上,我国提交的网络安全条款被纳入修订后的《国际电信规则》,同时我国还联合俄罗斯等国首次将互联网相关内容纳入国际电信联盟条约性文件中,强调了各国对国际网络的平等接入权,为各国平等参与互联网治理打下了良好基础。

2010 年,赵厚麟高票连任国际电信联盟副秘书长。2014 年 10 月 23 日,国际电信联盟全权代表大会在韩国釜山举行秘书长选举,中国推荐的国际电信联盟副秘书长赵厚麟作为唯一候选人,在首轮投票中即获得 152 票支持,高票当选为新一任秘书长,成为国际电信联盟 150 年历史上首位中国籍秘书长,于 2015 年 1 月 1 日正式上任,任期 4 年。2018 年赵厚麟竞选获得连任,任期至 2022 年底。

二 中国电信领域成绩斐然

我国在电信领域取得了丰硕的经济成果。2007～2017 年,我国信息传输、软件和信息技术服务业对外直接投资净额均为正值,并总体呈快速上升的趋势。我国信息传输、软件和信息技术服务业等行业对外投资净额从 2007 年的 3.0384 亿美元增长到 2017 年的 44.3024 亿美元,并一度在 2016 年达到顶峰,为 186.6022 亿美元,占当年中国对外直接投资净额的近 10%。信息传输、软件和信息技术服务业截至 2017 年底对外直接投资存量达到 2188.9737 亿美元,占中国对外直接投资存量总额的 12.10%。但近几年来,由于电信企业"走出去"面临新的挑战,我国信息传输、软件和信息技术服务业对外投资呈下降趋势,但仍保持高位出口态势。必须说明的是,由于诸如交通运输、仓储和邮政业,金融业,租赁和商务服务业,科学研究和技术服务业,文化、体育和娱乐业等其他对外投资行业都与网络信息技术密切相关,网信事业发展有力地保障并促进了我国海外

---

① 参见古祖雪、柳磊《国际通信法律制度研究》,法律出版社,2014,第 329～330 页。

投资的发展。

在互联网治理中，科学立法是法治化的前提和基础。习近平总书记多次强调，要抓紧制定立法规划，完善互联网信息内容管理、关键信息基础设施保护等法律法规，依法治理网络空间，维护公民合法权益。在此背景下，特别是党的十八大以来，中国电信领域法治化水平快速提升。同时，网络空间新形势也对加强网络社会管理、推进网络依法规范有序运行提出了新的要求。例如，党的十八届四中全会审议通过的《中共中央关于全面推进依法治国若干重大问题的决定》提出，"加强互联网领域立法，完善网络信息服务、网络安全保护、网络社会管理等方面的法律法规，依法规范网络行为"。总体而言，中央的一系列要求，为我国加强网络法治建设、依法治网提供了基本遵循，为电信领域法律体系的构建指引了方向。①

回溯电信领域法律制度建设的发展历程，其和我国参与国际电信联盟活动也具有密切关系。具体而言，中国电信领域的立法活动至少可以包括以下三个阶段。

第一阶段为物理层立法期（1994～2000年）。该时期为我国互联网建设初期，网络空间立法主要限定在传统的电信立法。1994年2月18日实施的《中华人民共和国计算机信息系统安全保护条例》是我国网络空间领域第一部专门的行政法规，其率先对计算机信息系统的建设、应用和运行中的安全问题做出规定。随后，1996年2月1日实施的《中华人民共和国计算机信息网络国际联网管理暂行规定》，在我国接入国际互联网之后，首次系统地对国际计算机信息交流等问题进行规定，为互联网产业的发展夯实了基础。除此之外，我国还在1997年批准了《计算机信息网络国际联网安全保护管理办法》。总体而言，该时期的立法偏重于保护互联互通以及计算机信息系统，其核心在于确定我国与国际互联网互通中的安全问题。

---

① 参见《国家网信办：十八大以来网络空间法治化全面推进》，新华网，http：//www.xinhuanet.com/politics/2015－12/14/c_128529424.htm。

国际电信联盟

需要说明的是，该时期也是我国加入世界网络空间治理机制的阶段。全国人民代表大会常务委员会在1985年、1997年先后批准了《国际电信公约》、《国际电信联盟组织法》和《国际电信联盟公约》等国际组织文件。由此可见，中国互联网立法进程与国际治理机制的发展密切相关。

第二阶段为应用层立法期（2000~2011年）。进入21世纪后，随着网络空间逐渐成为生产的重要工具，中国网络空间立法强调对应用层的监管，初步构建了覆盖信息网络建设、信息应用管理、信息安全保障和信息权利保护的网络安全和信息化法律体系。2001~2008年，互联网开启Web 2.0的全新时代，在这个时期，互联网发展呈现去中心化、开放和共享的特征，互联网的信息传播呈现双向传播特征，互联网博客开始出现，互联网媒体影响力与日俱增，电子商务开始发展。到2008年3月，中国的网民数量和宽带数量均超过美国，中国网民规模开始领跑世界。[1] 该时期的立法主要围绕网络信息传播进行，也对互联网信息服务管理、互联网上网服务营业平台等做出专项性的规定。为进一步保障网络空间治理规范化，2011年1月8日，我国同时实施《计算机信息网络国际联网安全保护管理办法》《互联网信息服务管理办法》《互联网上网服务营业场所管理条例》等新修订的法律文件，这也预示着我国电信领域立法进程加速期的到来。

第三阶段为内容层立法期（2012年至今）。党的十八大以来，我国网络空间法律体系进入基本形成并飞速发展的新阶段。2012年通过的《全国人大常委会关于加强网络信息保护的决定》开启了系统地对我国网络空间内容层立法的时期。此后，我国工信部、国家网信办、商务部、文化部、国家工商行政管理总局、国务院新闻办公室等颁布了大量的部门规章。

2014年2月27日，由习近平总书记担任组长的中央网络安全和信息化领导小组正式成立，标志着我国已经将网络空间安全上升到国家战略的

---

[1] 参见郭少青、陈家喜《中国互联网立法发展二十年：回顾、成就与反思》，《社会科学战线》2017年第6期，第216页。

高度，也预示着我国将从网络大国向网络强国转变。同时，《中华人民共和国网络安全法》也于 2016 年 11 月 7 日发布，自 2017 年 6 月 1 日起开始施行。2018 年 8 月 31 日，我国发布了《中华人民共和国电子商务法》，该法于 2019 年 1 月 1 日开始实施。至此，我国网络空间立法不仅实现了确保网络安全的目的，同时也致力于推动电子商务、工业互联网和大数据技术的发展，并引导互联网企业拓展国际市场。该时期成为我国电信领域法制化加速期，并基本实现了电信领域法治化。

第二节　中国在国际电信联盟中的作用

一　技术标准领域的贡献

中国不断为国际电信联盟提供最新的技术标准建议。例如，近期，国际电信联盟审议通过设立"面向网络的量子信息技术焦点组"（FG-QIT4N），这是国际电信联盟大力推进量子密钥分发国际标准化工作以来的进一步举措，也是国际标准化组织中第一个量子信息技术焦点组。该焦点组主席由中国专家出任。该焦点组的主要职责是组织和协调国际电信联盟电信标准化部门内量子通信、计算等技术的标准化研究工作，并协调其他标准化组织，旨在构建全球量子信息标准化开放工作平台，推动标准化工作高效、健康开展。

在第五代移动通信技术（5G）方面，近期在国际电信联盟相关会议上，来自全球的政府主管部门、电信制造及运营企业和研究机构参与讨论制定全球 5G 标准的候选技术方案。中国代表团提交了 5G 无线空口技术方案。2020 年 7 月，中国提交的 5G 无线空口技术方案顺利成为国际电信联盟认可的 5G 国际标准。

当然，通过参与国际电信联盟的标准技术制定过程，我国也将国内标准转化为国际标准。21 世纪初，中国与美国、欧盟发生过一起 3G 无线标准争端。中国电信科学技术研究院控股的企业自主研发了第三代移动通信 TD–SCDMA 标准。当时，还存在其他两个 3G 标准，分别为美国的

CDMA 标准和欧洲的 W-CDMA 标准。中国在国内外推行 TD-SCMDA 标准过程中，不断遭受西方国家和学者的批评。然而，在相关方面的努力下，中国 TD-SCMDA 标准最终被国际电信联盟采纳为国际标准，为我国电信企业"走出去"做出了巨大的贡献。

二 社会合作领域的贡献

中国全力支持国际电信联盟活动的开展。除前述 2000 年在中国香港特别行政区举办电信展外，2006 年，中国和国际电信联盟签署了《中华人民共和国政府和国际电信联盟关于国际电信联盟 2006 年世界电信展的东道国协议》，以支持世界电信展的活动。

近年来，国际电信联盟与中国的联系愈发密切，形成了多层次的交流渠道。在政府层面，2016 年 2 月 16 日，《中国国家留学基金管理委员会与国际电信联盟关于选派实习生的协议》在日内瓦签署。根据协议，国家留学基金委每年将选送适量实习生赴国际电信联盟总部或其他地区办事处工作和实习。2017 年 9 月 18 日，工业和信息化部与国际电信联盟签署了《关于协助国际电信联盟执行空间业务有害干扰监测活动的谅解备忘录》。

在科研机构层面，2019 年 1 月 21 日，清华大学与国际电信联盟共同签署了清华大学与国际电信联盟合作的框架协议；作为双方协议的一部分，清华大学出版社与国际电信联盟签署了共同创办英文科技期刊的合作协议，以此推动产学研的融合。

在企业层面，2019 年 4 月 24 日，中国进出口银行与国际电信联盟就加强"一带一路"项下数字领域合作签署了谅解备忘录。双方未来将选取非洲、中亚等地区的具体国别和项目进行探讨，充分发挥中国进出口银行的金融服务优势，协同国际电信联盟的影响力、协调力和专业优势，通过以点带面的方式共同支持相关国家和地区的信息通信互联互通建设，促进项目所在国经济社会发展和人民生活水平提升。2018 年 4 月，国际电信联盟与科大讯飞股份有限公司在日内瓦国际电信联盟总部签署战略合作协议。双方秉承开放的态度，遵循"需求牵引、技术推动、相互促进、共同提高"的原则，发挥各自优势，共同开展国际电信联盟智能语音和人工智能技术的研究与应用，推动全球科技创新的蓬勃发展。

三 人力资本领域的贡献

除中国是国际电信联盟的成员国外，中国在国际电信联盟的部门成员包括工信部、中国移动通信集团公司、中国联合网络通信集团有限公司、中国电信集团公司、华为技术有限公司、香港亚洲卫星有限公司、澳门电讯有限公司等，还包括中国科学院、南京邮电大学、重庆大学、清华大学和浙江大学等。

除成员国和部门成员外，我国推荐的专家在国际电信联盟担任了越来越多的领导职务，包括担任国际电信联盟秘书长、研究组主席和副主席、工作组主席等各类职务。其中，赵厚麟系国际电信联盟的秘书长，是历史上我国人员在国际电信联盟担任的最高职务。

1975年，赵厚麟毕业于南京邮电学院。1986年，赵厚麟经中国政府推荐，被国际电信联盟录用，到国际电信联盟总部任业务官员，负责国际电信联盟SG7（数据网络和开放系统通信）和SG8（远程发送器服务终端）的相关工作，同时他还是国际电信联盟电信标准化部门和国际标准化组织等机构的协调人。第二年，他被该组织聘为终身职员，成为国际电信联盟成立以来聘用的第一位中国籍的终身职员。其后，他升任顾问，负责外交事务。

1998年后，经中国政府推荐，赵厚麟先后两次当选国际电信联盟电信标准化局主任（第一位非欧洲籍主任）、两次当选国际电信联盟副秘书长及秘书长，改变了一直由西方发达国家人士组成国际电信联盟领导层的格局。

2010年，赵厚麟再次高票连任国际电信联盟副秘书长，这是当时中国人在国际电信联盟担任的最高级别的职务。

2014年10月23日，赵厚麟当选国际电信联盟新一任秘书长，成为国际电信联盟近150年历史上首位中国籍秘书长，也成为担任联合国专门机构主要负责人的第三位中国人。其于2015年1月1日正式上任，任期4年。

2018年11月1日，国际电信联盟2018年全权代表大会第二次全会举

行新一届秘书长选举，赵厚麟获 176 张有效票，连任国际电信联盟秘书长。2019 年 1 月 1 日正式上任，任期 4 年。

第三节　中国与国际电信联盟合作的未来展望

一　国际电信联盟与第四次工业革命

21 世纪以来，随着信息技术、生物技术、新能源技术和新材料技术等颠覆性工业技术的萌芽与发展，全球正加速进入第四轮科技革命和产业变革。① 当前，以 5G、云计算、区块链、人工智能等为代表的网络信息技术的竞争日益激烈。有观点认为，世界已经进入第四次工业革命阶段。

在某种程度上，信息社会发展也使人与人之间的差异增加。第四次工业革命将可能导致国际社会出现基本权利保护鸿沟以及保护的差异性。未来总是不确定的，但是法治会帮助我们促进社会的稳定，以及实现未来的可预期性及确定性。全球法治的核心价值有七项。第一，保护人类自由和尊严。第二，克服经济领域的绝对超级贫困。第三，缩小经济鸿沟。第四，防止对环境的更多危害。第五，缩小信息和技术鸿沟。第六，保证基本人权。第七，能够允许新型技术的发展。② 因此，在理念上，我国与国际电信联盟应加强合作，共同采取措施建立全球法治体系，促进国际合作，减少第四次工业革命带来的负面影响，同时推动国际的和平与稳定。

在实践中，中国应进一步与国际电信联盟强化伙伴关系。这主要包括三个方面。首先，中国应通过国际电信联盟了解全球信息通信技术的最新发展趋势并获得多元化的信息。其次，中国应积极参与国际信息通信技术研究和标准制定活动，进而对全球的信息通信技术行业发展做出贡献。同

---

① 参见冯昭奎《科技革命发生了几次——学习习近平主席关于"新一轮科技革命"的论述》，《世界经济与政治》2017 年第 2 期，第 4 页。
② 参见朴仁洙《第四次工业革命下的国际合作与法治发展——在"'一带一路'国际法治论坛"上的主旨发言》，中国法学网，http://iolaw.cssn.cn/xszl/gjf10/ydyl/202001/t20200103_5070977.shtml。

时，国际电信联盟应进一步推动科学研究发展，使新的发展成果得以有效传播并进行转化。最后，通过在国际电信联盟中的信息共享和经验交换，中国应与其他国家加强电信领域的合作。

具体而言，在第四次工业革命来临之际，中国应和国际电信联盟携手推动新技术的创新与发展。其重点内容包括以下几个方面。

第一，推动信息通信技术基础设施发展并实现内部联通。这不仅包括推动全球信息通信基础设施建设及相互关联，还包括在光纤通信等新兴信息传输领域推动国际标准的落地，特别是针对云计算、物联网、人工智能等下一代信息通信技术。同时，各国也应推动技术和设备之间的互联互通，实现标准的可交互性，确保建立安全的、稳定的和有序的全球通信系统和网络。

第二，推动电信资源和卫星轨道资源的合理利用。《国际电信规则》对中国国内电信资源分配等起到指导性作用。国际电信联盟所从事的卫星和轨道站的编排、协调和登记工作，可以避免国家之间相互干扰，对全球电信通信体系的正常运行具有重要的作用。未来，我国应积极在5G、卫星通信等领域加强与国际电信联盟的合作。

第三，推动信息通信技术的融合，特别是在智能制造业、物联网、数字金融、大数据健康、电子农业、智慧城市和智慧社团等领域。工业互联网将成为第四次工业革命的重要基石。通过人与人之间的相互关联，以及人、机器和任务之间的相互关联，工业互联网不仅推动了传统的工业转型和升级，也推动了资源的合理优化配置。新技术也将培育新产业，并产生标准化等需求。在移动互联网上，随着移动通信标准的发展，移动宽带网络的速度持续增长，同时，相关的声音和数据的传输成本大幅度地下降。从此层面看，工业互联网也将产生大量的标准协调需求。我国应与国际电信联盟进行合作，推动信息通信技术的融合。

第四，推广信息通信技术的应用。近年来，中国高速发展的宽带网络和服务成为普遍现象。技术模式创新不断涌现，改变了传统的工作方式和生活方式。例如，在共享经济领域，通过信息通信技术发展，共享经济在运输、住宿、物流和快递等服务行业中成为现实。通过利用互联网的平

国际电信联盟

台，诸多资源得到更有效的利用，这也创造了新的工作岗位，推动了经济和社会的发展。未来的电信技术将推动社会经济中的不同行业的融合，如人工智能、大数据、区块链等技术在社会服务、政务等层面的应用。中国和国际电信联盟可携手设计新技术应用的培训计划。

第五，推动信息通信行业的可持续发展。为促进全球可持续发展，发达国家和发展中国家必须进一步缩小数字鸿沟，包括满足公众对信息通信服务的需求。同时，国际电信的发展应考虑所有国家和地区的公民的需求，不论其性别、年龄及收入水平。国际电信联盟也应和私营部门、其他国际性和区域性组织进行合作。在此层面，中国应推动国际电信联盟更多地关注社会、经济议题，进而使联合国可持续发展目标真正落地。

2014年，我国首次举办世界互联网大会。世界互联网大会由中华人民共和国国家互联网信息办公室和浙江省人民政府共同主办，旨在搭建中国与世界互联互通的国际平台和国际互联网共享共治的中国平台，让各国在争议中求共识，在共识中谋合作，在合作中创共赢。截至2019年，世界互联网大会已成功举办6届。世界互联网大会是我国推出的构建全球互联互通的重要成果。此外，世界人工智能大会等推出的合作理念和模式也为国际电信事业的发展注入了新的动力。

二 国际电信联盟与"一带一路"倡议

当前，国际电信联盟正在积极加强与中国的合作。2013年，习近平主席提出共建"丝绸之路经济带"和"21世纪海上丝绸之路"的倡议，得到国际社会广泛关注和积极响应。近年来，"一带一路"倡议日益深入人心，"一带一路"建设取得重大进展，并构建了以"五通"为核心的国际合作新平台。

"一带一路"建设的核心之一为设施联通。其旨在便利全球信息通信技术的发展。这也是国际电信联盟落实联合国可持续发展目标的题中应有之义。因此，国际电信联盟对"一带一路"倡议给予了高度关注。

2017年，国际电信联盟秘书长赵厚麟参加了在北京召开的"一带一路"国际合作高峰论坛。在国际合作高峰论坛上，赵厚麟秘书长指出，中国和国际电信联盟的合作实际上已经跨越不同疆域、不同领域，合作项目包括在阿富汗的信息通信研究与培训项目、在太平洋国家的农业研究和发展项目、在亚欧的高速信息网络项目，以及在非洲的电信研究项目等。

未来，中国和国际电信联盟在"一带一路"倡议上还将进一步深化合作。例如，2019年4月，中国进出口银行与国际电信联盟就加强"一带一路"项下数字领域合作签署了谅解备忘录。

一方面，国际电信联盟的发展需要中国的参与。快速发展的信息通信技术对传统行业带来严峻的挑战，也推动了诸多国家的经济升级和社会转型。国际电信联盟长期致力于推动全球信息通信技术行业的发展。不管是无线电频谱的管理、卫星轨道资源的分配，还是国际标准的制定与规制政策的协调，都需要各国分享发展经验，共同携手解决发展问题，进而实现全球互联互通。中国长期积极参与国际电信联盟的诸多活动，包括提供资金、技术和培训。国际电信联盟的未来发展离不开中国的支持。

另一方面，"一带一路"倡议应对接国际电信联盟的发展议题。作为联合国最古老的国际组织，国际电信联盟的重要任务之一在于实现联合国可持续发展目标。随着在世界经济中地位的不断提升，中国必将积极参与全球治理，并代表新兴经济体和广大发展中国家争取更大的话语权。当然，这并不意味着中国要寻求霸主国地位或全球公共品供给者的主导垄断地位。[①] 中国向来是国际法治的支持者、捍卫者。相互依赖的世界需要更多的国际机制。[②] 当前，"一带一路"倡议及时地补充了现有的多边机制，并促进全球各国人民共同发展。本质上，"一带一路"倡议旨在加强全球的互联互通建设，其需要汇聚全球的资源、资本和技术。从此层面看，"一带一路"倡议应对接国际电信联盟的发展议题，将共商共建共享的理念和原则落到实处。

---

① 参见蔡昉《金德尔伯格陷阱还是伊斯特利悲剧？——全球公共品及其提供方式和中国方案》，《世界经济与政治》2017年第10期，第4页。
② 参见〔美〕罗伯特·基欧汉、约瑟夫·奈《权力与相互依赖》（第四版），门洪华译，北京大学出版社，2012，第324~325页。

结　语

　　以工业技术、航海技术为代表的近代技术革命推动了全球化的发展，20 世纪末期的信息通信技术革命则为全球信息交流提供了科技基础与现实条件。当前，信息通信技术深刻地改变着生活与生产活动。归纳而言，其一，信息通信技术使实时的全球信息（包括图像的和视听的材料）传输成为可能；其二，信息通信技术使个人和组织与其他人的交流成为可能，其提供点对点、点对多和多对多的通信渠道；其三，通过数据库、搜索引擎和机器人，信息通信技术支撑的互联网成为前所未有的信息接收工具。[1] 电信活动本身具有域外性。一方面，由于网络空间的虚拟性、无边界性和电子化，单一国家无法对所有电信活动进行排他性的管辖。另一方面，任何国家的电信措施（包括国家标准措施）都具有一定的域外效果，甚至可在全球范围内产生溢出效应。因此，电信的发展离不开国际制度的规范、国际规则的指引、国际机构的协调。

　　回溯历史，国际电信联盟创建的规则体系对全球信息传输具有重要的作用。不管是电报、电话时代，还是无线电、互联网时代，国际电信联盟都试图解决连接和分配问题。其一，其试图搭建平台，促进全球各国的互联互通；其二，其试图通过协调机制分配全球电信公共资源。

　　150 多年来，由于技术条件和国际格局的变化，国际电信联盟不断自我革新，以满足客观实践的需要。在无线电技术发明之前，国际电报联盟长期作为通信领域的唯一国际机制而存在。其后，国际电信联盟历经两次

---

[1] 参见 Rolf H. Weber, *Regulatory Models for the Online World*（Kluwer Law International, 2002), p. 41。

国际电信联盟

世界大战与冷战，组织框架逐步发展和完善，并焕发出新的活力。国际电信联盟的变革成为理解国际电信联盟的重要线索。第一，国际电信联盟的管辖对象随着技术发展变化而变化。从最开始的电报、无线电，到其后的互联网，国际电信联盟的目标均是解决当下急需协调的电信技术合作问题。第二，国际电信联盟的法制化、规范化水平不断提高。1992年，国际电信联盟通过了两部相互间层次区别明显的法律文件——《国际电信联盟组织法》和《国际电信联盟公约》。两部法律文件均自1994年7月1日起生效。国际电信联盟的其他两项条约性法律文件是行政规则（《国际电信规则》和《无线电规则》）。随着国际电信联盟成员队伍的壮大以及技术发展带来的活动规模的拓展，国际电信联盟内部进行了重大组织机构改革，以适应当前科技发展的需要。第三，国际电信联盟愈发重视可持续发展议题，包括消除数字鸿沟、实现性别平等、关注青少年成长等。在传统的技术领域之外，国际电信联盟更加关注人权议题，使其更加符合公众的期待。

正如国际电信联盟秘书长赵厚麟所言："国际电信联盟仍然以一颗年轻的心引领着世界尖端电信和信息通信技术的发展。国际电信联盟作为历史最悠久的联合国机构，历久弥新，依然是当今世界最有活力和与时俱进的组织之一。"从昔日的电报到如今的互联网和移动宽带，国际电信联盟在借助最先进和创新通信手段联通世界，实现朋友、家人、同事乃至物与物之间随时随地保持联通的努力中发挥着杰出作用。这是对国际电信联盟辉煌历史再好不过的诠释。[①]

然而，当前国际电信联盟的发展也面临严峻的挑战。第一，在参与主体上，国际电信联盟面临网络大国和大型互联网企业的挑战。一方面，挑战来自国家之间的博弈。如何平衡和协调发达国家和发展中国家、技术先进国家和技术落后国家之间的利益诉求，是国际电信联盟未来的重点议题。另一方面，国际电信联盟也面临其他国际组织以及非国家行为主体的挑战。互联网是开放式的社会，如何平衡和协调国家和非国家行为主体的

---

① 参见《刊首语：引领明日科技》，《国际电联新闻》（双月刊）2015年第6期，第1页。

结　语

利益诉求也是国际电信联盟应考虑的重要内容。传统上，国家是国际法的唯一主体。然而，信息通信技术的革命性发展导致科技企业甚至科学家拥有可比拟于国家的能力。当前，以非政府组织和网络社会为主体的互联网治理机制正在形成。该治理机制由个人、职业机构、社会和自然科学家、企业等主体组成。科技企业和非国家行为主体掌握了大量的数据和信息，极大地影响着信息通信技术发展的未来方向。这限制或削弱了国家在国际电信联盟中的权利。

第二，在规制领域，国际电信联盟目前在最尖端的技术规范方面处于相对落后的境况，特别是在区块链、人工智能等领域。国际电信联盟的决策机制尚未完全满足信息社会的需求。例如，与网络时代相比，人工智能时代将颠覆传统的国际法律框架，国际法体系的主体、结构、运行规则等关键要素都将随之发生改变。当然，由于技术所限，人工智能或机器人在短期内仍难以成为有自我意识的权利享有者和义务承担者，更遑论成为超人类的群体。[①] 然而，国际电信联盟在最前沿的信息通信技术理论研究及实务应用中的作用相对较小。

第三，在治理机制上，国际电信联盟也面临规制范式的挑战。非国家实体时常以"技术中立"为理由排除国家对国际电信业务的治理。如劳伦斯曾提出"编码即法律""编码即正义"等观点。他指出，与其他规制形式相同，电脑硬件和软件能够限制和指导行为。如人工智能技术推崇编码或算法，而对人类社会中的道德、伦理和政治漠不关心，甚至有观点直言不讳地指出：人工智能的世界拒绝国王、总统和选举。[②] 此外，信息通信技术不仅涉及网络法、信息法，还涉及海洋法、航空法、国际人道法等领域。未来的国际电信规制必然与传统的规制模式不同，然而国际电信联盟的组织框架及规制模式仍未能满足当前实践的需要。

当然，道路是曲折的，前途是光明的。毫无疑问，在第四次工业革命

[①] 参见孙南翔《人工智能技术对国际法的挑战及应对原则——以国际海洋法为视角》，《辽宁师范大学学报》（社会科学版）2020 年第 4 期，第 24~30 页。

[②] 参见"Net States Rule the World: We Need to Reorganize Their Power"，https://www.wired.com/story/net-states-rule-the-world-we-need-to-recognize-their-power/。

国际电信联盟

来临之际、百年未有之大变局开启之时,各国对电信合作和协调的需求层出不穷,各方对电信发展的期待与日俱增,从此层面看,国际电信联盟的崭新篇章已然揭幕。

中国与国际电信联盟的接触自 19 世纪 80 年代开始,当时面对西方国家的多次邀请,清政府经过激烈争执后最终拒绝加入;20 世纪初,中国再受西方国家邀请,清政府的态度开始转变,虽未加入,但已做加入打算[①];经多方努力中国于 1920 年加入国际电报联盟;自 1972 年恢复席位以来,中国全面参与了国际电信联盟的会议和活动。中国与国际电信联盟的交往不仅顺应了中国电信事业的蓬勃发展,更展现出中国与国际法治的良性互动。

马克思指出:"现代工业的技术基础是革命的,而所有以往的生产方式的技术基础本质上是保守的。"[②] 21 世纪以来,随着信息技术、生物技术、新能源技术、新材料技术等颠覆性工业技术的萌芽与发展,全球正加速进入第四轮科技革命和产业变革。2019 年习近平指出:"由人工智能引领的新一轮科技革命和产业变革方兴未艾。"[③] 当前,信息通信技术正加速重塑国际秩序。作为负责任的大国,我国应在国际电信领域做出更大的贡献。

第一,坚持在尊重主权的前提下支持国际电信联盟充分发挥作用。国际法上的主权是国家的固有属性。主权合作前提是各国拥有对国际事务的参与决策权。就国际社会而言,开展合作维护共同安全和利益既是国家的义务也是责任。因此,应在尊重主权的前提下,充分发挥国际电信联盟在国际电信合作中的主导作用。主权平等是合作的基础,而公平才是构建国际新秩序的重要内容。依据公平原则,我国应支持国际电信联盟为其他电信技术落后国家与最不发达国家提供技术支持。同时,国际社会也应督促

[①] 参见夏维奇《拒请与申入:近代中国与万国电报公会》,《复旦学报》(社会科学版) 2012 年第 6 期,第 74 页。
[②] 《马克思恩格斯选集》(第 2 卷),人民出版社,2012,第 231 页。
[③] 习近平:《推动人工智能更好造福世界人民》,《人民日报》(海外版) 2019 年 5 月 17 日,第 1 版。

结　语

非政府组织、互联网企业、科学专家等尊重国家的主权以及国际电信联盟的规制权。

第二，主动提出电信领域国际治理的建议，积极参与制定彰显时代特征的国际条约或协定。在国际条约制定上，我国应提出体现信息时代特征的规则文本。作为网信大国，我国可利用国内互联网治理的先发优势，积极推动网信空间法治化进程，不断提升我国的国际话语权与规则制定权。例如，我国可从互联网行业需求以及各国博弈的焦点出发，在明确中国核心利益的基础上，制定具备国际吸引力的提案与草案。同时，我国应积极通过国内立法形成示范作用来吸引他国效仿，进而形成普遍的国际实践，从而创制国际习惯法。在国内立法上，我国率先开展网络空间法治化进程，并已取得卓越成效。中国可不断归纳本国创新性立法及司法经验，通过国内法治对国际法治的示范与引领作用，使国内网信空间法治化的先进成果惠及全球。①

第三，与世界各国携手解决信息通信技术引发的挑战，共同构建网络空间命运共同体。任一国家或国家行为主体都无法独自解决信息通信领域面临的所有法律、道德和伦理问题。未来总是不确定的，但是法治会帮助我们促进社会的稳定，实现未来的预期性及确定性。一方面，我国应积极引导国际法治原则在信息通信技术的发明、使用中发挥作用；另一方面，我国也应推动在信息通信技术的法律限制和道德规训上形成政府间共识，进而促使科技发展推动网络空间命运共同体的构建。

当前，信息通信技术瞬息万变，以 5G、云计算、区块链、人工智能等为代表的高新技术竞争日益激烈，对高新技术的算法、道德、伦理、法律等国际协调机制的讨论渐起。对于新一代的国际电信事业而言，很多故事也许才刚刚开始。

---

① 参见孙南翔《打造网络空间法治化治理的中国方案》，《中国社会科学报》2017 年 9 月 15 日，第 4 版。

附录一

国际电信联盟组织法[*]

序　言

1　为了以有效的电信业务促进各国人民之间的和平联系、国际合作和经济及社会的发展，作为国际电信联盟基本法规的本《组织法》和补充本《组织法》的《国际电信联盟公约》（以下简称《公约》）的各缔约国，在充分承认每个国家均有主权权利监管其电信并注意到电信对维护各国和平和社会及经济的发展起着越来越重要作用的同时，特议定如下。

第一章　基本条款

第 1 条　国际电联的宗旨

2　1. 国际电联的宗旨是：

3　a）保持和扩大所有国际电联成员国之间的国际合作，以改进和合理使用各种电信；

3A　a之二）促进和加强各实体和组织对国际电联活动的参与，并促进它们与成员国之间建立富有成果的合作和伙伴关系，以实现国际电联宗旨中所述的各项总体目标；

4　b）在电信领域内促进和提供对发展中国家的技术援助，并为落实这一宗旨而促进物质、人力和财务资源的筹措，促进信息的获取；

---

[*] 国际电联的基本法规（《组织法》和《公约》）中使用的语言文字应视为中性。

5　c) 促进技术设施的发展及其最有效的运营,以提高电信业务的效率,增强其效用并尽量使之为公众普遍利用;

6　d) 促使世界上所有居民都得益于新的电信技术;

7　e) 推动电信业务的使用,增进和平的关系;

8　f) 协调各成员国的行动,促进在成员国和部门成员之间建立富有成果和建设性的合作和伙伴关系,以达到上述目的;

9　g) 通过与其他世界性和区域性政府间组织以及那些与电信有关的非政府组织的合作,在国际层面上促进从更宽的角度对待全球信息经济和社会中的电信问题。

10　2. 为此,国际电联应特别注重:

11　a) 实施无线电频谱的频段划分、无线电频率的分配和无线电频率指配的登记,以及空间业务中对地静止卫星轨道的相关轨道位置及其他轨道中卫星的相关特性的登记,以避免不同国家无线电台之间的有害干扰;

12　b) 协调各种努力,消除不同国家无线电台之间的有害干扰,改进无线电通信业务中无线电频谱的利用,改进对地静止卫星轨道及其他卫星轨道的利用;

13　c) 促进全世界的电信标准化,实现令人满意的服务质量;

14　d) 借助所掌握的一切手段,包括酌情通过参加联合国的有关方案和利用自身的资源,在向发展中国家提供技术援助和在发展中国家建立、发展和改善电信设备和网络方面促进国际合作和团结;

15　e) 协调各种努力,使电信设施,尤其是采用空间技术的电信设施得以和谐发展,并尽可能充分利用它们;

16　f) 促进成员国与部门成员之间的合作,以便制定与有效服务相对称的尽可能低廉的费率,同时考虑到维持良好的独立电信财务管理的必要性;

17　g) 通过在电信业务上的合作,促进各种保证生命安全的措施得以采用;

18　h) 对各种电信问题进行研究,制定规则,通过决议,编拟建议和意见,并收集与出版资料;

19　i) 与国际上的金融和开发组织一道，促进优惠和有利的信贷额度的建立，用于发展具有社会效益的项目，特别是那些旨在将电信业务扩展至各国最闭塞的地区的项目；

19A　j) 促进有关实体参与国际电联的活动，并加强与区域性组织和其他组织的合作，以实现国际电联的宗旨。

第 2 条　国际电联的组成

20　国际电信联盟是一个政府间组织，其成员国和部门成员具有明确的权利和义务，为实现国际电联的宗旨而相互合作。考虑到普遍性原则和普遍加入国际电联的益处，国际电联应由以下各方组成：

21　a) 在本《组织法》和《公约》生效前作为《国际电信公约》缔约方已成为国际电联成员国的任何国家。

22　b) 按照本《组织法》第 53 条加入本《组织法》和《公约》的身为联合国成员的任何其他国家。

23　c) 申请国际电联成员资格并在取得三分之二国际电联成员国同意后按本《组织法》第 53 条加入本《组织法》和《公约》的非联合国成员的任何其他国家。如在两届全权代表大会之间提出此类成员申请，秘书长应征询国际电联各成员国的意见；如一成员国在被征询意见后的 4 个月内未予答复，应做弃权论。

第 3 条　成员国和部门成员的权利和义务

24　1. 成员国和部门成员享有本《组织法》和《公约》所规定的权利，并应履行所规定的义务。

25　2. 在参加国际电联的大会、会议和意见征询方面，成员国的权利是：

26　a) 所有成员国均有权参加国际电联的大会，有资格被选入理事会，并有权提名候选人参加国际电联官员或无线电规则委员会委员的选举。

27　b) 根据本《组织法》第 169 款和第 210 款的规定，每一成员国在国际电联的所有全权代表大会上，在所有世界性大会和所有部门的全会和研究组会议上，以及如为理事国，在理事会的所有例会上，均享有一票表决权。在区域性大会上，只有该区域的有关成员国才享有表决权。

28　c) 根据本《组织法》第169款和第210款的规定，每一成员国在所有以通信方式进行的意见征询中，亦享有一票表决权。如果是关于区域性大会的征询，只有该区域的有关成员国才享有表决权。

28A　3. 在部门成员参加国际电联活动方面，根据本《组织法》和《公约》的有关条款，部门成员应有权全面参加其所在部门的活动：

28B　a) 它们可以向部门的全会和会议以及世界电信发展大会提供正副主席；

28C　b) 根据《公约》的有关条款和全权代表大会为此通过的有关决定，它们应有权参加课题和建议的通过以及有关部门工作方法和程序的决策。

第4条　国际电联的法规

29　1. 国际电联的法规为：

—本《国际电信联盟组织法》，

—《国际电信联盟公约》，以及

—各行政规则。

30　2. 本《组织法》是国际电联的基本法规，其条款由《公约》的条款加以补充。

31　3. 本《组织法》和《公约》的条款由监管电信使用并对所有成员国均有约束力的下列行政规则进一步加以补充：

—《国际电信规则》，

—《无线电规则》。

32　4. 如本《组织法》与《公约》或行政规则的条款有矛盾之处，应以《组织法》为准。如《公约》与行政规则的条款有矛盾之处，应以《公约》为准。

第5条　定义

33　除因上下文另有解释外：

34　a) 在本《组织法》内使用并在构成本《组织法》不可分割的一部分的《组织法》附件中做出定义的术语，应具有该附件中所赋予的意义；

35　b) 在《公约》中使用并在构成《公约》不可分割的一部分的《公约》附件中做出定义的术语（本《组织法》附件中做出定义的除

外），应具有《公约》附件中所赋予的意义；

36　c）在各行政规则中做出定义的其他术语具有各规则中所赋予的意义。

第6条　国际电联法规的执行

37　1. 各成员国在其所建立或运营的、从事国际业务的或能够对其他国家无线电业务造成有害干扰的所有电信局和电台内，均有义务遵守本《组织法》、《公约》和行政规则的规定，但是，根据本《组织法》第48条规定免除这些义务的业务除外。

38　2. 各成员国还有义务采取必要的步骤，责令所有经其批准而建立和运营电信并从事国际业务的运营机构或运营能够对其他国家无线电业务造成有害干扰的电台的运营机构遵守本《组织法》、《公约》和行政规则的规定。

第7条　国际电联的结构

39　国际电联应由以下内容构成：

40　a）国际电联最高权力机构全权代表大会；

41　b）代表全权代表大会行事的理事会；

42　c）世界国际电信大会；

43　d）无线电通信部门，包括世界和区域性无线电通信大会、无线电通信全会和无线电规则委员会；

44　e）电信标准化部门，包括世界电信标准化全会；

45　f）电信发展部门，包括世界和区域性电信发展大会；

46　g）总秘书处。

第8条　全权代表大会

47　1. 全权代表大会应由代表各成员国的代表团组成。该大会应每四年召开一次。

48　2. 全权代表大会应根据成员国的提案并在考虑到理事会的报告后：

49　a）为实现本《组织法》第1条所规定的国际电联宗旨确定总政策；

50　b）审议理事会关于上届全权代表大会以来国际电联活动的报告

并审议理事会关于国际电联政策和战略规划的报告；

51   c) 在审议了至下一届全权代表大会召开之前国际电联工作的所有相关方面之后，根据就上述第50款提及的报告所做的决定，制定国际电联的战略规划和国际电联的预算基础，并确定该阶段的相关财务限额；

51A   c之二) 根据各成员国宣布的会费等级，利用本《组织法》第161D至161G款中所述的程序，确定下届全权代表大会召开之前的会费单位总数；

52   d) 提供有关国际电联职员编制的总则，必要时制定国际电联所有官员的基本薪金、薪金表和津贴及养恤金制度；

53   e) 审查国际电联的账目，并在适当时予以最后批准；

54   f) 选举进入理事会的国际电联成员国；

55   g) 选举秘书长、副秘书长和各部门的局主任作为国际电联的选任官员；

56   h) 选举无线电规则委员会委员；

57   i) 分别根据本《组织法》第55条的条款和《公约》的有关条款，审议和酌情通过成员国提出的本《组织法》和《公约》的修正案提案；

58   j) 缔结或在必要时修订国际电联与其他国际组织之间的协定，审查理事会代表国际电联与此类国际组织所缔结的任何临时协定，并对临时协定中的问题采取其认为适当的措施；

58A   j之二) 通过和修正国际电联大会和其他会议的《总规则》；

59   k) 处理可能有必要处理的其他电信问题。

59A   3. 特殊情况下，在两届例行的全权代表大会之间可以召开一次议程有限的非常全权代表大会以处理具体问题，条件是：

59B   a) 根据上届例行的全权代表大会的决定；

59C   b) 有三分之二成员国分别向秘书长提出要求；

59D   c) 由理事会提议并经至少三分之二的成员国同意。

第9条 选举原则及有关问题

60   1. 全权代表大会在进行本《组织法》第54至56款中所述的选举时应确保：

61　a）理事国的选举需适当注意世界所有区域公平分配理事会的席位。

62　b）秘书长、副秘书长和各局主任应从成员国提名的本国候选人中选定，所有候选人应来自不同的成员国。选举时应适当考虑世界各区域间按地域公平分配名额，并应考虑本《组织法》第154款所含的原则。

63　c）无线电规则委员会的委员应为成员国提名的本国候选人，以个人身份当选。每一成员国仅可提名一位候选人。无线电规则委员会委员的国籍应不同于无线电通信局主任的国籍；选举时应适当考虑世界各区域间按地域公平分配名额，并应考虑本《组织法》第93款所含的原则。

64　2. 关于就职、空缺和连任资格的规定载于《公约》之中。

第10条　理事会

65　1.1）理事会应由全权代表大会按照本《组织法》第61款的规定选出的成员国组成。

66　2）每一理事国应指派一人出席理事会会议，此人可由一位或多位顾问协助。

67　（删除）

68　3. 在两届全权代表大会之间，理事会应作为国际电联的管理机构在全权代表大会所授予的权限内代行其职权。

69　4.1）理事会应采取一切步骤，促进各成员国执行本《组织法》、《公约》和行政规则的规定以及全权代表大会的决定，酌情执行国际电联其他大会和会议的决定，并执行全权代表大会所指派的任务。

70　2）理事会应遵照全权代表大会确定的指导方针，审议内容广泛的电信政策问题，以确保国际电联的政策与战略充分适应电信环境的变化。

70A　2之二）理事会应利用秘书长按照下述第74A款准备的具体数据，就建议国际电联进行的政策和战略规划及其财务影响编写一份报告。

71　3）理事会应确保国际电联工作的有效协调，并对总秘书处和三个部门进行有效的财务控制。

72　4）理事会应根据国际电联的宗旨，借助其掌握的一切手段，包括通过国际电联参加联合国的适当方案，为发展中国家的电信发展做出贡献。

第 11 条　总秘书处

73　1.1）总秘书处由秘书长领导，秘书长由一名副秘书长协助。

73 之二　秘书长应为国际电联的法人代表。

73A　2）秘书长的职能在《公约》中做了具体规定。另外，秘书长还应：

74　a）在协调委员会的协助下，协调国际电联的活动。

74A　b）在协调委员会的协助下，准备并向成员国和部门成员提供编写国际电联政策和战略规划报告可能需要的具体资料，并协调该规划的实施工作；此报告应在一届全权代表大会前的最后两届理事会例会上提交国际电联成员国和部门成员审议。

75　c）采取一切必要行动，确保国际电联资源的节约使用，并对国际电联活动的所有行政和财务问题向理事会负责。

76　（删除）

76A　3）秘书长可为按照本《组织法》第42条做出的特别安排的托管人。

77　2. 副秘书长应对秘书长负责；应协助秘书长履行其职责并执行秘书长可能交办的具体任务。在秘书长缺席时，副秘书长应履行秘书长的职责。

第二章　无线电通信部门

第 12 条　职能和结构

78　1.1）无线电通信部门的职能应为，在考虑到发展中国家特别关注的问题的同时，通过以下方式实现本《组织法》第1条所述的国际电联与无线电通信有关的宗旨：

——根据本《组织法》第44条的规定，确保所有无线电通信业务，包括使用对地静止卫星轨道或其他卫星轨道的业务，合理、公平、有效和经济地使用无线电频谱；

——开展没有频率范围限制的研究，并通过有关无线电通信事宜的建议。

79　2）无线电通信部门和电信标准化部门应根据《公约》的有关规定密切合作，不断审议两个部门共同关心的问题，据此明确职责。无线电通信部门、电信标准化部门和电信发展部门之间应紧密协调。

80　2. 无线电通信部门应通过以下机构工作：

81　a）世界和区域性无线电通信大会；

82　b）无线电规则委员会；

83　c）无线电通信全会；

84　d）无线电通信研究组；

84A　d之二）无线电通信顾问组；

85　e）选任主任领导下的无线电通信局。

86　3. 无线电通信部门的成员如下：

87　a）所有成员国的主管部门，作为当然成员；

88　b）按照《公约》的有关规定成为部门成员的任何实体或组织。

第13条　无线电通信大会和无线电通信全会

89　1. 世界无线电通信大会可以部分地或在例外情况下全部修订《无线电规则》，并可处理其权限范围内与其议程有关的具有世界性的任何问题；它的其他职责在《公约》中做了具体规定。

90　2. 世界无线电通信大会通常应每三年至四年召开一次；然而，根据《公约》的有关规定，可以不必召开此类大会或可以增开此类大会。

91　3. 无线电通信全会通常亦应每三年至四年召开一次，而且为了提高无线电通信部门的效率和有效性，可以在地点和时间上结合世界无线电通信大会一并举行。无线电通信全会应为世界无线电通信大会的工作提供必要的技术基础，并对世界无线电通信大会的所有要求做出回应。无线电通信全会的职责在《公约》中做了具体规定。

92　4. 世界无线电通信大会、无线电通信全会或区域性无线电通信大会的决定在任何情况下均应与本《组织法》和《公约》相一致。无线电通信全会或区域性无线电通信大会的决定在任何情况下均应与《无线电规则》相一致。当大会通过决议和决定时，应考虑到可预见的财务影响，并应避免通过可能导致支出超过全权代表大会规定的财务限额的决议

和决定。

第14条 无线电规则委员会

93　1. 无线电规则委员会应由无线电领域内资历深厚并在频率的指配和利用方面具有实际经验的选任委员组成。每位委员应熟悉世界一特定地区的地理、经济和人口状况。他们应独立地并且在兼职的基础上为国际电联履行职责。

93A　1之二. 无线电规则委员会委员的人数或不超过12名，或相当于成员国总数的6%，以两个数目中较大者为准。

94　2. 无线电规则委员会的职责包括：

95　a) 按照《无线电规则》和有权能的无线电通信大会可能做出的任何决定，批准《程序规则》，包括技术标准。这些《程序规则》将由主任和无线电通信局在应用《无线电规则》登记成员国的频率指配时使用。这些规则应以透明的方式制定，并应听取主管部门的意见，而且，如始终存在分歧，则将问题提交下届世界无线电通信大会。

96　b) 审议应用上述《程序规则》后仍不能解决的任何其他问题。

97　c) 按照《无线电规则》所规定的程序，履行本《组织法》第78款中所述的关于频率指配和利用的任何附加职责，并履行有权能的大会或理事会在获得多数成员国同意后为筹备此类大会或贯彻其决定所规定的任何附加职责。

98　3.1) 在履行无线电规则委员会的职责时，该委员会的委员不应代表各自的成员国或某一区域，而应作为国际公共信托管理人开展工作。尤其是，该委员会的每位委员均不得干预与该委员自己的主管部门直接有关的决定。

99　2) 该委员会的任何委员均不得请求或接受来自任何政府或任何政府成员或任何公营或私营组织或个人的与其履行职责有关的指示。该委员会的委员不得采取与上述第98款规定的身份不符的任何行动或参与同这种身份不符的任何决策。

100　3) 成员国和部门成员应尊重该委员会委员职责的绝对国际性，并不得影响他们履行该委员会的职责。

101　4. 无线电规则委员会的工作方法在《公约》中做了规定。

第 15 条　无线电通信研究组和顾问组

102　无线电通信研究组和顾问组的职责分别在《公约》中做了具体规定。

第 16 条　无线电通信局

103　无线电通信局主任的职责在《公约》中做了具体规定。

第三章　电信标准化部门

第 17 条　职能和结构

104　1.1）电信标准化部门的职能应为，在考虑到发展中国家特别关注的问题的同时，通过研究技术、运营和资费问题，并就这些问题通过建议，以使全世界的电信标准化，从而实现本《组织法》第 1 条所述的国际电联关于电信标准化方面的宗旨。

105　2）电信标准化部门和无线电通信部门应根据《公约》的有关规定密切合作，不断审议两个部门共同关心的问题，据此明确职责。无线电通信部门、电信标准化部门和电信发展部门之间应紧密协调。

106　2. 电信标准化部门应通过以下机构工作：

107　a）世界电信标准化全会；

108　b）电信标准化研究组；

108A　b 之二）电信标准化顾问组；

109　c）选任主任领导下的电信标准化局。

110　3. 电信标准化部门的成员如下：

111　a）所有成员国的主管部门，作为当然成员；

112　b）按照《公约》的有关规定成为部门成员的任何实体或组织。

第 18 条　世界电信标准化全会

113　1. 世界电信标准化全会的职责在《公约》中做了具体规定。

114　2. 世界电信标准化全会应每四年召开一次；然而，根据《公约》的有关规定可以增开一次全会。

115　3. 世界电信标准化全会的决定在任何情况下均应与本《组织法》、《公约》和行政规则相一致。当全会通过决议和决定时，应考虑到可预见的财务影响，并应避免通过可能导致支出超出全权代表大会规定的财务限额的决议和决定。

第 19 条　电信标准化研究组和顾问组

116　电信标准化研究组和顾问组的职责分别在《公约》中做了具体规定。

第 20 条　电信标准化局

117　电信标准化局主任的职责在《公约》中做了具体规定。

第四章　电信发展部门

第 21 条　职能和结构

118　1.1）电信发展部门的职能应为实现本《组织法》第 1 条所述的国际电联的宗旨，并在其具体的权能范围内履行国际电联作为联合国专门机构和联合国开发系统或其他筹资安排的项目实施执行机构的双重职责，通过提供、组织和协调技术合作和援助活动，促进和加强电信的发展。

119　2）按照本《组织法》的有关规定，无线电通信部门、电信标准化部门和电信发展部门的活动应为在发展方面开展紧密合作的内容。

120　2. 在上述范围内，电信发展部门的具体职能是：

121　a) 提高决策者对电信在本国经济及社会发展计划中重要作用的认识水平，并对可能的政策和结构选择提供信息和建议；

122　b) 通过加强人力资源开发、规划、管理、资金筹措和研究与开发的能力，并考虑到其他相关机构的活动，特别是在发展中国家通过建立伙伴关系，促进电信网络和业务的发展、壮大和运营；

123　c) 通过与区域性电信组织和全球性及区域性开发金融机构的合作，加强电信的发展，监督其发展计划中所列项目的状况，以保证项目的正常执行；

124　d) 通过促进确定优惠和有利的信贷额度以及与国际和区域性

金融和开发机构进行合作，调动各方资源，以向发展中国家的电信领域提供援助；

125　e）根据发达国家网络的变化和发展，推动和协调加速向发展中国家转让适当技术的计划；

126　f）鼓励业界参与发展中国家的电信发展，并对适当技术的选择和转让提出建议；

127　g）就技术、经济、财务、管理、监管和政策问题提出建议，开展或（在必要时）赞助研究，包括对电信领域内具体项目的研究；

128　h）在制定国际和区域性电信网的总规划时，与其他部门、总秘书处和其他有关机构合作，以便提供电信业务促进通信网的协调发展；

129　i）在履行上述职能时，特别注意最不发达国家的需求。

130　3. 电信发展部门应通过以下机构工作：

131　a）世界和区域性电信发展大会；

132　b）电信发展研究组；

132A　b之二）电信发展顾问组；

133　c）选任主任领导下的电信发展局。

134　4. 电信发展部门的成员如下：

135　a）所有成员国的主管部门，作为当然成员；

136　b）按照《公约》的有关规定成为部门成员的任何实体或组织。

第 22 条　电信发展大会

137　1. 电信发展大会应为讨论和审议与电信发展有关的议题、项目和计划并为电信发展局提供方向和指导的论坛。

138　2. 电信发展大会应包括：

139　a）世界电信发展大会；

140　b）区域性电信发展大会。

141　3. 在两届全权代表大会之间应召开一次世界电信发展大会，并根据资源情况和工作重点，召开区域性电信发展大会。

142　4. 电信发展大会不应产生最后文件。其结论应采用决议、决定、建议或报告的形式。这些结论在任何情况下均须与本《组织法》、

《公约》和行政规则相一致。当大会通过决议和决定时，应考虑到可预见的财务影响，并应避免通过可能导致支出超出全权代表大会规定的财务限额的决议和决定。

143　5. 电信发展大会的职责在《公约》中做了具体规定。

第 23 条　电信发展研究组和顾问组

144　电信发展研究组和顾问组的职责分别在《公约》中做了具体规定。

第 24 条　电信发展局

145　电信发展局主任的职责在《公约》中做了具体规定。

第四 A 章　各部门的工作方法

145A　无线电通信全会、世界电信标准化全会和世界电信发展大会可以制定和通过管理各自部门活动的工作方法和程序。这些工作方法和程序必须符合本《组织法》、《公约》和行政规则，特别是《公约》的第 246D 款至第 246H 款。

第五章　关于国际电联职能行使的其他条款

第 25 条　世界国际电信大会

146　1. 世界国际电信大会可以部分地或在特殊情况下全部修订《国际电信规则》，并可处理其权能范围内与其议程有关的具有世界性的任何问题。

147　2. 世界国际电信大会的决定在任何情况下均应与本《组织法》和《公约》相一致。当大会通过决议和决定时，应考虑到可预见的财务影响，并应避免通过可能导致支出超出全权代表大会规定的财务限额的决议和决定。

第 26 条　协调委员会

148　1. 协调委员会应由秘书长、副秘书长和三个局的主任组成。协调委员会由秘书长主持；在秘书长缺席时，由副秘书长主持。

149　2. 协调委员会应作为内部管理班子行事，就不单属于一具体部门或总秘书处职能范围内的所有行政、财务、信息系统和技术合作事宜，对外关系和公众宣传事宜向秘书长提供咨询意见和实际协助。在考虑问题时，协调委员会应充分顾及本《组织法》的规定、《公约》的规定、理事会的决定和国际电联的整体利益。

第 27 条　国际电联的选任官员和职员

150　1. 1) 国际电联的选任官员或职员在履行职责时，均不得谋求或接受任何政府或国际电联以外任何其他当局的指示。他们均不得以与其国际官员身份不符的方式行事。

151　2) 成员国和部门成员应尊重国际电联这些选任官员和职员的职责的绝对国际性，并不得设法影响他们履行职责。

152　3) 国际电联的任何选任官员或任何职员，除作为其部分职责外，均不得以任何方式参加与电信有关的任何企业，或在任何与电信有关企业中享有任何财务利益。然而，"财务利益"一词的理解不适用于继续享受以前就业或服务所产生的离职福利。

153　4) 为保证国际电联的有效运作，任何有本国国民当选为秘书长、副秘书长或局主任的成员国应尽可能避免在两届全权代表大会之间召回该人员。

154　2. 在招聘职员和确定服务条件时，应首先考虑使国际电联在工作效率、能力与道德诸方面均达到最高标准的人员。应适当注意在尽可能广泛的地域内招聘职员的重要性。

第 28 条　国际电联的财务

155　1. 国际电联的经费包括以下机构的费用：

156　a) 理事会；

157　b) 国际电联总秘书处和各部门；

158　c) 全权代表大会和世界国际电信大会。

159　2. 国际电联的经费来源是：

159A　a) 国际电联成员国和部门成员的会费；

159B　b) 《公约》或《财务规则》中所列的其他收入。

159C　2 之二. 每一成员国和部门成员均应支付一笔各自按照下述第

160款至第161I款所选会费等级的单位数相应的金额。

159D 2之三．本《组织法》第43款所提及的区域性大会的费用应：

159E a）由相关区域所有成员国按照其会费等级承担；

159F b）由参加此类大会的其他区域的成员国按照其会费等级承担；

159G c）由参加此类大会的受权部门成员及其他受权组织按照《公约》的有关规定承担。

160 3.1）成员国和部门成员可以自由选择其摊付国际电联经费支出的会费等级。

161 2）各成员国应按照《公约》中所含的会费等级表和条件及以下所述程序在全权代表大会上进行这种选择。

161A 3）部门成员应按照《公约》中所含的会费等级表和条件及以下所述程序进行这种选择。

161B 3之二）a）理事会应在全权代表大会召开前的那届例会上，根据相应阶段的财务规划草案和会费单位总数，确定会费单位的临时金额；

161C b）秘书长应将根据上述第161B款确定的会费单位的临时金额通知成员国和部门成员，并请成员国最晚在全权代表大会召开的四周以前将其临时选择的会费等级通知国际电联；

161D c）全权代表大会应在大会的第一周内确定秘书长根据上述第161B和161C款采取步骤后所产生的会费单位金额的临时上限，同时考虑到各成员国通知秘书长的它们对会费等级所做的任何更改以及保持不变的会费等级；

161E d）在考虑经修订的财务规划草案的同时，全权代表大会应尽快确定会费单位金额的最终上限，并确定全权代表大会最后一周的星期一为成员国应秘书长的邀请宣布其最终选定会费等级的最后日期；

161F e）在全权代表大会确定的日期之前未将其决定通知秘书长的成员国应保持原来选择的会费等级；

161G f）之后，全权代表大会应根据会费单位总数批准最终的财务规划，会费单位总数与财务规划批准之日成员国所选的最终会费等级和部门成员的会费等级相符。

161H　3之三）a) 秘书长应通知部门成员会费单位金额的最终上限，并请它们在全权代表大会结束之日后的三个月内将其所选会费等级通知国际电联；

161I　b) 在上述三个月时间内未将其决定通知秘书长的部门成员应保持原来选择的会费等级；

162　c) 一届全权代表大会通过的对会费等级表的修正应适用于下届全权代表大会期间会费等级的选择；

163　d) 一成员国或一部门成员所选择的会费等级自一届全权代表大会以后的第一个双年度预算时开始适用。

164　（删除）

165　5. 成员国在选择其会费等级时，对于选择三个或三个以上会费单位的成员国而言，削减幅度不得超过此前周期所选单位数的15%，计算时向下取整至会费单位等级表中最近的会费单位数；对于选择三个以下会费单位的成员国而言，削减不得超过一个等级。理事会须向成员国说明，削减须在全权代表大会休会期间逐步实行。但是，如遇发生自然灾害、需实施国际援助计划等特殊情况，当一成员国提出申请并证明它不能维持原选等级的会费时，全权代表大会可以授权减少更多的会费单位数。

165A　5之二．如遇发生自然灾害、需实施国际援助计划这样的特殊情况，在一成员国提出申请并证明它不能维持原来选择等级的会费时，理事会可以授权减少会费单位数。

165B　5之三．成员国和部门成员在任何时候均可以选择高于其已采用的会费等级。

166 和 167　（删除）

168　8. 成员国和部门成员应预先支付根据理事会批准的双年度预算以及理事会所通过的任何调整计算出的年度应摊会费。

169　9. 对国际电联欠款的成员国在其欠款金额等于或大于前两个年度应付会费的总额时，应丧失其按本《组织法》第27款和第28款的规定而享有的表决权。

170　10.《公约》中含有关于部门成员和其他国际组织认担会费的具体规定。

第 29 条 语文

171　1. 1）国际电联的正式语文为阿拉伯文、中文、英文、法文、俄文和西班牙文。

172　2）按照全权代表大会的有关决定，这些语文应用于起草和出版国际电联的文件和文本，各语种文本的形式和内容应当相同；在国际电联的大会和会议期间应使用这些语言相互传译。

173　3）如出现差异或争议，应以法文本为准。

174　2. 如果一大会或会议的所有与会者一致同意，则可以少于上述的语言进行讨论。

第 30 条 国际电联所在地

175　国际电联所在地为日内瓦。

第 31 条 国际电联的法律权能

176　国际电联在其每一成员国的领土上均享有为行使其职能和实现其宗旨所必需的法律权能。

第 32 条 国际电联大会、全会和会议的总规则

177　1. 全权代表大会通过的《国际电联大会、全会和会议的总规则》应适用于国际电联大会和全会的筹备，大会、全会和会议工作的组织和讨论的进行，以及理事国、秘书长、副秘书长、各部门的局主任和无线电规则委员会委员的选举。

178　2. 除《国际电联大会、全会和会议的总规则》第二章中的规定以外，大会、全会和理事会还可以采用其认为必需的附加规则。但是，这种附加规则必须与本《组织法》、《公约》和上述总规则第二章相一致；大会或全会通过的附加规则应作为有关大会或全会的文件予以出版。

第六章　关于电信的一般条款

第 33 条 公众使用国际电信业务的权利

179　各成员国承认公众使用国际公众通信业务进行通信的权利。各类通信的服务、收费和保障对于所有用户应一视同仁，不得有任何优先或

偏袒。

第 34 条 电信的停止传送

180　1. 各成员国根据其国家法律，对于可能危及其国家安全或违反其国家法律、妨碍公共秩序或有伤风化的私务电报，保留停止传递的权利，条件是它们立即将停止传递这类电报或其一部分的情况通知发报局。如此类通知可能危及国家安全，则不在此限。

181　2. 各成员国根据其国家法律，对于可能危及其国家安全或违反其国家法律、妨碍公共秩序或有伤风化的任何其他私务电信，亦保留予以截断的权利。

第 35 条 业务的中止

182　每一成员国均保留中止国际电信业务的权利，或中止全部业务，或仅中止某些通信联络和/或某几类通信、去向、来向或经转，条件是它立即将此类行动通过秘书长通知所有其他成员国。

第 36 条 责任

183　各成员国对于国际电信业务的用户不承担任何责任，尤其在损失索赔方面。

第 37 条 电信的保密

184　1. 各成员国同意采取与其所使用的电信系统相适应的所有可能措施，以确保国际通信的保密性。

185　2. 但是，为确保其国家法律的实施或其所缔结的国际公约的履行，各成员国保留将此类通信告知有权能的主管当局的权利。

第 38 条 电信信道和设施的建立、运行和保护

186　1. 各成员国应采取必要步骤，确保在最佳的技术条件下建立迅速和不间断地交换国际电信所必需的信道和设施。

187　2. 必须尽可能使用经实际经验证明为最佳的方法和程序进行这些信道和设施的运行。这些信道和设施必须保持在正常工作状态，并随着科学技术进步而得到改进。

188　3. 各成员国应在其管辖权限内保护这些信道和设施。

189　4. 除另有特别安排规定的其他条件外，每一成员国均应采取必

要步骤，保证维护其所控制的各段国际电信电路。

189A　5. 各成员国应认识到，必须采取一切实际可行的措施，使各种电气装置和设施的运行不妨碍其他成员国管辖权限内电信设施的运行。

第39条　违反规定事例的通知

190　为促进实施本《组织法》第6条的规定，各成员国应确保相互通知并酌情相互帮助处理违反本《组织法》、《公约》和行政规则的规定的事例。

第40条　有关生命安全的电信的优先权

191　对于有关海上、陆地、空中或外层空间生命安全的所有电信以及世界卫生组织非常紧急的疫情电信，国际电信业务必须给予绝对优先权。

第41条　政务电信的优先权

192　应始发方的具体要求，在不违反本《组织法》第40和46条规定的情况下，政务电信（见本《组织法》附件第1014款）在可行范围内应享有先于其他电信的优先权。

第42条　特别安排

193　各成员国为其本身、为经其认可的运营机构以及为其他正式受权的机构保留就一般不涉及成员国的电信事务订立特别安排的权利。但是，其运营可能对其他成员国的无线电业务造成有害干扰，以及一般而言，其运营可能对其他成员国的其他电信业务的运营造成技术危害时，此类安排不得与本《组织法》、《公约》或行政规则的条款相左。

第43条　区域性大会、安排和组织

194　各成员国保留召开区域性大会、订立区域性安排和成立区域性组织的权利，以解决可在区域范围内处理的电信问题。但是，此类安排不得与本《组织法》或《公约》相左。

第七章　关于无线电的特别条款

第44条　无线电频谱和对地静止卫星轨道及其他卫星轨道的使用

195　1. 各成员国应努力将所使用的频率数目和频谱限制在足以满意

地提供必要业务所需的最低限度。为此，它们应努力尽早采用最新的技术发展成果。

196　2. 在使用无线电业务的频段时，各成员国应铭记，无线电频率和任何相关的轨道，包括对地静止卫星轨道，均为有限的自然资源，必须依照《无线电规则》的规定合理、有效和经济地使用，以使各国或国家集团可以在照顾发展中国家的特殊需要和某些国家地理位置的特殊需要的同时，公平地使用这些轨道和频率。

第45条　有害干扰

197　1. 所有电台，无论其用途如何，在建立和使用时均不得对其他成员国或经认可的运营机构，或其他正式受权开办无线电业务并按照《无线电规则》的规定操作的运营机构的无线电业务或通信造成有害干扰。

198　2. 每一成员国均应要求经其认可的运营机构和其他正式受权开办无线电业务的运营机构遵守上述第197款的规定。

199　3. 此外，各成员国应认识到，有必要采取所有实际可行的步骤，以避免各种电气装置和设施的运行对上述第197款所述的无线电业务或通信造成有害干扰。

第46条　遇险呼叫和电报

200　无线电台对于无论发自何处的遇险呼叫和电报，均有义务绝对优先地以同样方式予以答复，并立即采取必要的行动。

第47条　虚假的或欺骗性的遇险信号、紧急信号、安全信号或识别信号

201　各成员国同意采取必要的步骤，以防止发送或转发虚假的或欺骗性的遇险信号、紧急信号、安全信号或识别信号，并同意协作寻找和查明在其管辖权限内发送此类信号的电台。

第48条　国防业务使用的设施

202　1. 各成员国对于军用无线电设施保留其完全的自由权。

203　2. 但是，这些设施必须尽可能遵守有关遇险时给予援助和采取防止有害干扰的措施的法定条款，并遵守行政规则中关于按其所提供业务

的性质使用发射类型和频率的条款。

204　3. 此外，如果这种军用设施参与提供公众通信业务或行政规则所规定的其他业务，则通常必须遵守适用于此类业务的运营的监管条款。

第八章　与联合国、其他国际组织和非成员国的关系

第 49 条　与联合国的关系

205　联合国与国际电联之间的关系在这两个组织缔结的协定中做了规定。

第 50 条　与其他国际组织的关系

206　为促进国际电信事务的全面协调，国际电联应与具有相关兴趣和从事相关活动的各国际组织进行合作。

第 51 条　与非成员国的关系

207　每一成员国均为其本身和为经认可的运营机构保留与一非国际电联成员国确定关于受理来往电信业务的条件的权利。如果来自一个非国际电联成员国领土的始发电信业务为一成员国所受理，该成员国必须予以传递；并且只要该电信业务在一成员国的电信信道上传递，则本《组织法》、《公约》和行政规则的必须遵守的条款以及通常的收费均应适用。

第九章　最后条款

第 52 条　核准、接受、批准

208　1. 本《组织法》和《公约》应由签署成员国按照其宪法条例用一份合一的证书同时予以核准、接受、批准。该证书应尽快交由秘书长收存。秘书长应将每份此类证书的交存情况通知各成员国。

209　2.1) 自本《组织法》和《公约》生效之日起两年内，签署成员国即使尚未按照上述第 208 款规定交存核准、接受、批准证书，仍可享有本《组织法》第 25 至 28 款赋予成员国的权利。

210   2) 自本《组织法》和《公约》生效之日起两年期满后,签署成员国如尚未按照上述第208款规定交存核准、接受、批准证书,则在其交存该证书之前,在国际电联的任何大会、理事会的任何例会和国际电联各部门的任何会议上,或在根据本《组织法》和《公约》的规定进行通信征询时,均无权参加表决。但表决权以外的其他权利不受影响。

211   3. 在本《组织法》和《公约》按照本《组织法》第58条生效后,每份核准、接受、批准证书自交存秘书长之日起生效。

第53条 加入

212   1. 非本《组织法》和《公约》签署成员国可随时加入本《组织法》和《公约》,而本《组织法》第2条所提到的任何其他国家可以按照该条的规定加入本《组织法》和《公约》。应通过一份涵盖本《组织法》和《公约》的合一文书的形式同时加入本《组织法》和《公约》。

213   2. 加入证书应交由秘书长收存。秘书长应在收到每份加入证书后通知各成员国,并将该加入证书的一份经核证的副本交送每一成员国。

214   3. 在本《组织法》和《公约》按本《组织法》第58条生效后,加入证书应自交存秘书长之日起生效,除非证书内另有说明。

第54条 行政规则

215   1. 按照本《组织法》第4条的规定,各行政规则是有约束力的国际法规,应服从本《组织法》和《公约》的各项条款。

216   2. 按照本《组织法》第52和53条的规定,核准、接受、批准本《组织法》和《公约》,或加入这些法规,也就是同意受本《组织法》和《公约》签字日期前有权能的世界性大会通过的行政规则的约束。这种同意取决于签署行政规则及其修订本时提出的任何保留,如果交存核准、接受、批准或加入证书时该保留维持不变的话。

216A   2之二. 上述第216款所提及的行政规则仍应继续生效,但取决于在应用本《组织法》第89和146款时可能通过并生效的修订条款。有关行政规则的部分或全部修订应自其中规定的日期起仅对那些在该日期或之前已通知秘书长同意受该修订约束的成员国生效。

217　（删除）

217A　3之二．成员国应向秘书长交存其核准、接受、批准或加入行政规则的部分或全部修订本的证书，或者通知秘书长其同意受该修订本的约束，借此通知秘书长其同意受该修订本的约束。

217B　3之三．任何成员国亦可以通知秘书长，它根据本《组织法》第55条或《公约》第42条核准、接受、批准或加入本《组织法》或《公约》的修订条款，也就是同意在签署本《组织法》或《公约》的上述修订条款之前受一届有权能的大会通过的有关行政规则的部分或全部修订本的约束。

217C　3之四．上述第217B款所提及的通知应在该成员国交存核准、接受、批准或加入本《组织法》或《公约》的修订条款的证书之时发出。

217D　3之五．行政规则的任何修订本均应自该修订本生效之日起，对已签署该修订本但尚未通知秘书长其同意根据上述第217A和217B款受该修订本的约束的任何成员国暂时适用。只有当有关的成员国在签署该修订本时没有提出反对意见时，这种暂时适用才生效。

218　4．这种暂时适用的情况应延续到一成员国将其同意受该修订本约束的决定通知秘书长时为止。

219至221　（删除）

221A　5之二．如果一成员国未能在该修订本生效之日起三十六个月以内将其有关同意根据上述第218款受该修订本约束的决定通知秘书长，应认为该成员国已同意受该修订本的约束。

221B　5之三．第217D款所指的任何暂时适用或第221A款所指的任何接受约束的同意意见均取决于签署该修订本时有关成员国可能提出的任何保留。上述第216A、217A、217B和218款所指的接受约束的同意意见均取决于有关成员国在签署行政规则或修订本时可能提出的任何保留，条件是该成员国在通知秘书长其同意接受约束时仍维持该保留。

222　（删除）

223　7．秘书长应及时将根据本条款收到的任何通知告知各成员国。

第 55 条 关于修正本《组织法》的条款

224   1. 任何成员国均可对本《组织法》提出修正案。为了保证此类提案能够及时转发给所有成员国并得到考虑，这种提案应不迟于所确定的全权代表大会开幕日的八个月前送达秘书长。秘书长应尽快、最晚不迟于大会开幕日的六个月前将此类提案公布，以供所有成员国参考。

225   2. 然而，针对按照上述第 224 款提交的任何修正案的任何修改提案，则可由一成员国或其代表团在全权代表大会上随时提交。

226   3. 全权代表大会全体会议上审议本《组织法》的修正案或修正案的修改提案时所需的法定人数，应为受命参加全权代表大会的代表团的半数以上。

227   4. 任何修正案的修改提案以及整个修正案（无论是否修改过），在通过前应先在全体会议上至少得到 2/3 的受命参加全权代表大会并享有表决权的代表团的批准。

228   5. 除非作为准则的本条前面的各段另有规定，《国际电联大会、全会和会议的总规则》将适用。

229   6. 一届全权代表大会通过的本《组织法》的任何修正案，应自大会规定的日期起，作为整体并以一份合一修订法规的形式，在该日期前交存了本《组织法》和修订法规的核准、接受、批准证书或加入证书的成员国之间生效。仅仅核准、接受、批准或加入这种修订法规的某一部分的情况应排除在外。

230   7. 秘书长应将每份核准、接受、批准证书或加入证书的交存通知所有成员国。

231   8. 在任何此类修订法规生效之后，符合本《组织法》第 52 条和第 53 条的核准、接受、批准或加入应适用于修订后的本《组织法》。

232   9. 在任何此类修订法规生效之后，秘书长应按照《联合国宪章》第 102 条的规定将其向联合国秘书处登记。本《组织法》的第 241 款也应适用于任何此类修订法规。

第 56 条　争议的解决

233　1. 各成员国可以通过谈判、外交途径，或按照它们之间为解决国际争议所订立的双边或多边条约内规定的程序，或用相互商定的任何其他方法，解决它们之间关于本《组织法》、《公约》或行政规则的解释或适用情况的争议。

234　2. 如果不采用上述解决办法中的任何一种，则作为争议一方的任何成员国可按照《公约》所规定的程序请求仲裁。

235　3. 关于强制解决与本《组织法》、《公约》和行政规则有关的争议的任选议定书应在该议定书的各缔约成员国之间适用。

第 57 条　宣布退出本《组织法》和《公约》

236　1. 业已核准、接受、批准或加入本《组织法》和《公约》的每一成员国均有权宣布退出本《组织法》和《公约》。如遇此种情况，应用一份合一的文书通知秘书长，同时宣布退出本《组织法》和《公约》。秘书长一旦收到此类通知，应立即告知其他成员国。

237　2. 这种退出应自秘书长收到通知之日起届满一年后生效。

第 58 条　生效及有关事项

238　1. 增开的全权代表大会（1992 年，日内瓦）通过的本《组织法》和《公约》应自 1994 年 7 月 1 日起在已于该日期前交存核准、接受、批准或加入证书的成员国之间生效。

239　2. 在上述第 238 款中规定的生效之日，对于各缔约方而言，本《组织法》和《公约》应废止并取代《国际电信公约》（1982 年，内罗毕）。

240　3. 按照《联合国宪章》第 102 条的规定，国际电联秘书长应将本《组织法》和《公约》向联合国秘书处登记。

241　4. 用阿拉伯文、中文、英文、法文、俄文和西班牙文拟定的本《组织法》和《公约》的原文文本应存入国际电联档案。秘书长应按照所要求的语种，给每一签字的成员国寄送一份经核证无误的副本。

242　5. 如本《组织法》和《公约》的各语种文本之间存有差异，应以法文本为准。

附件

国际电联本《组织法》、《公约》和行政规则内所用若干术语的定义

1001　对于国际电联的上述法规，下列术语具有下文所确定的意义。

1001A　成员国：在应用本《组织法》第 2 条的规定时被认为是国际电联成员的国家。

1001B　部门成员：根据《公约》第 19 条的规定受权参加某一部门活动的实体或组织。

1002　主管部门：负责履行《国际电信联盟组织法》、《国际电信联盟公约》和行政规则中所规定的义务的任何政府部门或机关。

1003　有害干扰：危及无线电导航业务或其他安全业务的功能或严重损害、阻碍或不断阻断按照《无线电规则》操作的无线电通信业务的干扰。

1004　公众通信：各电信局和电台由于其为公众服务的性质而必须受理传递的任何电信。

1005　代表团：政府代表以及（如有的话）同一成员国所派遣的其他代表、顾问、随员或译员的总称。

每一成员国可以根据自己的意愿自由组成其代表团，具体而言，它可以将属于按照《公约》有关条款受权的任何实体或组织的人员以代表、顾问或随员的身份纳入其代表团。

1006　代表：由一成员国的政府派遣出席全权代表大会的人员，或代表成员国的政府或主管部门出席国际电联其他大会或会议的人员。

1007　运营机构：任何为了开展国际电信业务而运行电信设施或运营能够对国际电信业务造成有害干扰的电信设备的个人、公司、企业或政府机构。

1008　经认可的运营机构：任何上文定义的运营机构，这种机构运营公众通信或广播业务，并履行其总部所在领土的成员国或授权该机构在其

领土上建立并运营电信业务的成员国责令其遵守的本《组织法》第6条所规定的义务。

1009　无线电通信：利用无线电波的电信。

1010　广播业务：为供一般公众直接接收而发送的无线电通信业务。这项业务可包括声音传输、电视传输或其他类型的传输。

1011　国际电信业务：在位于不同国家或属于不同国家的任何性质的电信局或电台之间提供电信能力。

1012　电信：利用导线、无线电、光学或其他电磁系统进行的对符号、信号、文字、图像、声音或任何性质信息的传输、发送或接收。

1013　电报：用电报技术传输并向收报人投递的书面材料。除非另有规定外，此术语亦包括无线电报。

1014　政务电信：由下列任何一方所发的电信：

—国家元首；

—政府首脑或政府成员；

—陆军、海军或空军武装部队总司令；

—外交使节或领事官员；

—联合国秘书长、联合国各主要机构的最高负责人；

—国际法院；

或对上述政务电信的回复。

1015　私务电报：政务电报或公务电报以外的各类电报。

1016　电报技术：一种目的在于将所发送的信息在到达时作为书面文件而予以记录的电信方式，所发送的信息有时可以以其他形式表示，或可存储起来供以后使用。

注：书面文件以永久形式记录信息，因而可以存档和查阅；它可以是手写的或书面印刷的材料，也可以是静止的图像。

1017　电话技术：一种主要用于以话音形式交换信息的电信方式。

附录二

国际电信联盟公约[*]

第一章 国际电联职能的行使

第1节

第1条 全权代表大会

1　1.1）全权代表大会按照《国际电信联盟组织法》（以下简称《组织法》）第8条的有关规定召开。

2　2）如属可行，一届全权代表大会的确切地点和日期由上一届全权代表大会确定；如上一届大会未予确定，则由理事会在征得多数成员国同意后予以确定。

3　2.1）在下列情况下，可以变更下一届全权代表大会的确切地点和日期，或二者之一：

4　a）至少有四分之一的成员国分别向秘书长建议变更时；或者

5　b）根据理事会提议。

6　2）任何这种变更均应在征得多数成员国同意后方能确定。

第2条 选举及有关事项

理事会

7　1. 除下述第10至12款所述的空缺情况外，选入理事会的成员国应任职至选举出新的理事会之日为止。它们有连选连任的资格。

---

[*] 国际电联的基本法规（《组织法》和《公约》）中使用的语言文字应视为中性。

8   2.1) 如果在两届全权代表大会之间出现理事会席位空缺，缺额应由席位出缺成员国所属区域中上次选举时未当选的成员国中得票最多的成员国当然填补。

9   2) 当无论因何种原因按照上述第 8 款程序均不能填补空缺的席位时，理事会主席应请该区域的其他成员国在邀请发出后的一个月内争取进行选举。到该阶段末时，理事会主席应请各成员国选举一新理事国。选举应以通信方式通过无记名投票进行。所要求的多数如前所述。新的理事国应任职至下一届有权能的全权代表大会选举出新的理事会为止。

10   3. 理事会席位在下列情况下应视为空缺：

11   a) 当一理事国在连续两次理事会例会上均未派代表出席时；

12   b) 当一成员国辞去其理事国资格时。

选任官员

13   1. 秘书长、副秘书长和各局主任应在当选的全权代表大会所确定的日期就职。他们通常任职至下届全权代表大会所确定的日期为止，并且同一职位只有一次再次当选的资格。再次当选意味着仅可能再有一届任期，无论是否连续当选。

14   2. 如果秘书长的职位空缺，应由副秘书长接替秘书长的职位并任职到下届全权代表大会所确定的日期为止。当副秘书长根据这些条件接替秘书长的职位时，副秘书长的职位应自其接替秘书长的职位之日起视为空缺，并应适用下述第 15 款规定。

15   3. 如果副秘书长的职位空缺时距下届全权代表大会召开日期多于 180 天，理事会应任命一位继任在剩余的任期内任职。

16   4. 如果秘书长和副秘书长的职位同时空缺，则任职最久的主任应在不超过 90 天的任期内履行秘书长的职责。理事会应任命一名秘书长，而且，如果出现空缺时距下届全权代表大会的召开日期多于 180 天，还应任命一名副秘书长。由理事会如此任命的官员应在其前任官员的剩余任期内任职。

17   5. 如果某一主任的职位出现意外空缺，秘书长应采取必要的步骤，确保该主任的职责履行到理事会在出现此空缺情况后的下届例会上任命一名新的主任为止。如此任命的主任应任职至下届全权代表大会所确定的日期为止。

18　6. 理事会应按照《组织法》第 27 条的相关规定，在一届例会上安排填补本条相关条款中所述情况下的秘书长或副秘书长职位的空缺（如果例会在出现空缺后的 90 天内召开），或者在那些条款所明确规定的时间段内由主席召集的一届会议上做出安排。

19　7. 根据上述第 14 至 18 款任命的选任官员所任职的任何任期均不影响竞选该职位或连选连任的资格。

无线电规则委员会委员

20　1. 无线电规则委员会的委员应在当选的全权代表大会所确定的日期就职，并任职至下届全权代表大会所确定的日期为止，他们只有一次再次当选的资格。再次当选意味着仅可能再有一届任期，无论是否连续当选。

21　2. 如果在两届全权代表大会之间，委员会的一委员辞职或不能再履行其职责，秘书长在会商无线电通信局主任后，应请有关区域的成员国为在理事会下届例会上补选一名委员而提出候选人。然而，如果空缺发生日期距下届理事会例会日期超过 90 天，或在下届全权代表大会之前的那届理事会开会之后，有关成员国应尽早在 90 天之内指定另一位本国国民替补，任职到理事会选举的新委员就职或下届全权代表大会选举的委员会的新委员们就职时为止。替补委员有资格在适当时由理事会或全权代表大会选举为正式委员。

22　3. 如果无线电规则委员会一委员连续三次缺席该委员会的会议，应视为不能履行其职责。秘书长应在与该委员会主席以及该委员和有关成员国协商后，宣布该委员会存在一个空缺，并应按照上述第 21 款办理。

第 3 条　其他大会和全会

23　1. 按照《组织法》的有关规定，在两届全权代表大会之间通常应召开以下国际电联世界性大会和全会：

24　a) 一届或两届世界无线电通信大会；

25　b) 一届世界电信标准化全会；

26　c) 一届世界电信发展大会；

27　d) 一届或两届无线电通信全会。

28　2. 在特殊情况下，在两届全权代表大会之间：

29　（删除）

30　—可以增开一届世界电信标准化全会。

31　3. 采取这些行动时应：

32　a）遵循全权代表大会做出的决定；

33　b）根据相关部门上一届世界性大会或全会的建议（如经理事会批准的话），如属无线电通信全会，应将全会的建议提呈下届世界无线电通信大会，以征求意见，提请理事会注意；

34　c）至少有四分之一的成员国分别向秘书长提出了要求；或者

35　d）根据理事会的提议。

36　4. 区域性大会的召集应：

37　a）遵循全权代表大会做出的决定；

38　b）根据上一届世界性或区域性大会的建议（如经理事会批准的话）；

39　c）所属相关区域内至少有四分之一的成员国分别向秘书长提出了要求；或者

40　d）根据理事会的提议。

41　5.1）一部门的世界性或区域性大会或全会的确切地点和日期可以由全权代表大会确定。

42　2）如未做出这种决定，则应由理事会在征得多数成员国同意后确定一部门的世界性大会或全会的确切地点和日期；并应在征得属于有关区域的多数成员国的同意后确定区域性大会的确切地点和日期；在这两种情况下，下述第47款的规定均适用。

43　6.1）在下列情况下，可以变更大会或全会的确切地点和日期：

44　a）如属一部门的世界性大会或全会，在至少有四分之一的成员国提出要求时；如属区域性大会，在属于相关区域的至少有四分之一的成员国提出要求时。成员国的要求应分别向秘书长提出，再由秘书长转交理事会批准；或者

45　b）根据理事会的提议。

46　2）对于在上述第44和45款中规定的情况下提出的变更，如属

一部门的世界性大会或全会，应征得多数国际电联成员国同意，如属区域性大会，应征得有关区域的多数成员国的同意，然后方能最后予以通过。应按下述第47款的规定办理。

47　7. 关于本《公约》第42、46、118、123和138款以及《国际电联大会、全会和会议的总规则》第26、28、29、31和36款所述的征询，成员国如在理事会规定的期限内尚未答复，则应视为不参加该征询，因此在计算多数时不计。如果答复的数目未超过被征询成员国的半数，则应再次征询；第二次征询的结果具有决定性，无论投票数为多少。

48　8.1) 世界国际电信大会应根据全权代表大会的决定召开。

49　2) 关于世界无线电通信大会的召集、议程通过和参加方式的规定适当时应同样适用于世界国际电信大会。

第2节

第4条　理事会

50　1.1) 理事国的数目应由每四年召开一次的全权代表大会确定。

50A　2) 此数目不应超过成员国总数的25%。

51　2.1) 理事会每年在国际电联所在地举行一次例会。

52　2) 在例会期间，理事会可决定破例增开一次会议。

53　3) 主席可应多数理事国的要求，或按照本《公约》第18款中规定的条件主动要求，在两届例会之间召集理事会会议；这种会议通常在国际电联所在地举行。

54　3. 理事会仅在会议期间做出决定。在特殊情况下，理事会也可以在会议期间商定某一具体问题以通信方式做出决定。

55　4. 每届例会开始时，理事会均应在考虑到区域轮换原则的情况下，从其成员国的代表中选举理事会的正副主席。他们将任职到下届例会开始时为止，并不得连选连任。在主席缺席时由副主席履行主席的职责。

56　5. 一理事国指派出席理事会的人员，应尽可能是在其电信主管部门工作或直接向该主管部门负责，并在电信业务方面资格深厚的官员。

57　6. 国际电联仅承担属于联合国开发计划署确定的发展中国家名

153

单的每一理事国的代表以理事身份出席理事会例会时发生的差旅费、生活费和保险费。

58　（删除）

59　8. 秘书长应担任理事会的秘书。

60　9. 秘书长、副秘书长和各局主任可以当然地参加理事会的讨论，但不参加表决。理事会也可以召开仅限于理事国代表参加的会议。

60A　9之二．一非理事国可以在预先通知秘书长的情况下，向理事会的会议、其委员会和工作组的会议派出一位观察员，费用自理。观察员没有表决权。

60B　9之三．部门成员可以作为观察员出席理事会、其委员会及其工作组的会议，但需遵守理事会规定的条件，包括有关这种观察员的数量及任命观察员的程序的条件。

61　10. 理事会应每年审议秘书长就实施全权代表大会通过的战略规划而编写的报告，并应采取适当的行动。

61A　10之二．理事会在遵守全权代表大会通过的财务限额的同时，可在必要时审议并更新构成相应运作规划基础的战略规划，并通报成员国和部门成员。

61B　10之三．理事会应采用自己的《议事规则》。

62　11. 理事会应在两届全权代表大会之间监督国际电联的全面管理和行政工作。具体地说，它应做以下工作。

62A　1）接收并审议秘书长按照《组织法》第74A款提供的有关编写战略规划的具体数据，并在下一届全权代表大会召开前倒数第二届理事会例会上，在采纳包括部门顾问组在内的国际电联成员国和部门成员输入意见的基础上，开始制定国际电联新的战略规划草案，并在上述全权代表大会召开的至少四个月前制定出已经协调的新的战略规划草案。

62B　1之二）为制定国际电联的战略和财务规划以及各部门和总秘书处的运作规划确定一个时间表，以便在各规划之间建立适当联系。

63　1之三）参照联合国和专门机构在实施薪金、津贴和养恤金共同制度方面的现行办法，批准和修订国际电联的人事规则和财务规则以及其认为必要的任何其他规则。

64　2）必要时进行调整：

65　a）专业及专业以上职类职员的基薪表，以便与联合国通过的共同制度相应类别职员基薪表的任何变更保持一致，但选任职位的薪金不在此列；

66　b）一般事务职类职员的基薪表，以便与联合国和国际电联所在地各专门机构所实行的薪金标准的变更保持一致；

67　c）包括选任职位在内的专业及专业以上职类职员的就职地点补贴调整数，此项调整应按照联合国适用于国际电联所在地的决定办理；

68　d）国际电联所有职员的各种津贴，此项调整应按联合国共同制度所采用的任何变更办理。

69　3）做出决定，以确保国际电联专业及专业以上职类职员按地域公平分配并注重妇女的代表性，并监督此类决定的实施。

70　4）对于经协调委员会审议后由秘书长提出的符合《组织法》和本《公约》的关于国际电联总秘书处和各部门局的主要组织机构变化的提议做出决定。

71　5）参照全权代表大会提供的指导方针和《组织法》第27条的有关规定，对关于若干年内国际电联职位和职员以及人力资源开发规划的计划进行审议并做出决定，并就国际电联的人员编制（包括人员等级和结构）制定指导方针。

72　6）必要时按照联合国合办职员养恤基金的规则和条例，调整国际电联及其职员付给该基金的缴纳金额，并且按照该基金所遵循的惯例，调整发给国际电联职员退休和福利基金受益人的生活费用津贴。

73　7）参照全权代表大会就《组织法》第50款所做的决定和按照《组织法》第51款而确定的财务限额，审查并批准国际电联的双年度预算，并审议一特定预算期之后周期为两年的预算预测（见秘书长根据本《公约》第101款编写的财务工作报告）；既要保证尽可能厉行节约，同时又要考虑到国际电联承担的义务，即尽可能快地取得令人满意的成果。

审查时，理事会应参考国际电联战略规划中所体现的由全权代表大会确定的工作重点，本《公约》第86款所述的秘书长报告中包括的协调委员会的意见和本《公约》第101款所述的财务工作报告；理事会应每年对收支状况进行审议，以便酌情按照全权代表大会的决议和决定进行相应调整。

74　8）安排和在适当时批准秘书长编制的国际电联账目的年度审计，并提交下届全权代表大会。

75　9）安排召开国际电联的大会和全会，并且向国际电联总秘书处和各部门提供有关筹备和组织大会和全会中的技术性帮助及其他帮助方面的适当指示，此类指示如涉及世界性大会或全会，则应征得多数成员国同意；如涉及区域性大会，则应征得属于有关区域的多数成员国同意。

76　10）就本《公约》第28款做出决定。

77　11）决定如何实施大会所做的具有财务影响的决定。

78　12）在《组织法》、本《公约》和行政规则许可的范围内，为正常行使国际电联的职能采取其认为必要的任何其他行动。

79　13）在多数成员国的同意下，采取任何必要的步骤，临时解决《组织法》、本《公约》和行政规则未予规定而又来不及等待下一届有权能的大会解决的各项问题。

80　14）负责同《组织法》第49条和第50条提及的所有国际组织进行协调，并为此代表国际电联同《组织法》第50条和本《公约》第269B款和第269C款提及的各国际组织缔结临时协定，以及为实施联合国与国际电联之间的协定代表国际电联同联合国缔结临时协定；这些临时协定应按照《组织法》第8条的有关规定提交给全权代表大会。

81　15）在每届例会后的30天内将有关理事会活动的摘要记录及其认为有用的其他文件发给各成员国。

82　16）向全权代表大会提交关于上届全权代表大会以来国际电联活动的一份报告和任何相关的建议。

第3节

第5条 总秘书处

83　1. 秘书长应：

84　a）负责全面管理国际电联的各种资源；必要时在与协调委员会协商后，可以委派副秘书长和各局主任管理这些资源的一部分。

85　b）参照协调委员会的意见，协调国际电联总秘书处和各部门的活动，以确保最有效和最经济地使用国际电联的资源。

86　c）在协调委员会的协助下，编写并向理事会提交一份报告，说明上届全权代表大会以来电信环境的变化，并且对有关国际电联的未来政策和战略及其财务影响的行动提出建议。

86A　c之二）协调落实全权代表大会通过的战略规划，并就落实情况起草一份年度报告，供理事会审议。

87　d）按照全权代表大会的指示和理事会制定的规则，安排总秘书处的工作并任命总秘书处的职员。

87A　d之二）在充分考虑到全权代表大会批准的财务规划的情况下，每年编写一份涉及其后一年及随后三年的有关总秘书处职员开展的活动的四年期滚动式运作规划，包括财务影响；该四年期运作规划应经所有三个部门的顾问组审议，并应每年由理事会审议和批准。

88　e）为国际电联各部门的各局进行行政安排，并在相关局主任的选择和建议的基础上任命其职员，尽管任免的最后决定由秘书长定夺。

89　f）向理事会报告联合国和各专门机构所采取的对共同制度的服务条件、津贴和养恤金有影响的任何决定。

90　g）确保理事会所通过的任何规则得以实施。

91　h）向国际电联提供法律咨询。

92　i）为达到行政管理的目的，对国际电联职员进行监督，以确保人员的最有效使用和共同制度的就业条件适用于国际电联职员，受命直接协助各局主任的职员应处于秘书长的行政控制之下，并应在有关主任的直接指令下进行工作，但应遵从理事会制定的行政性指导方针。

93　j）从国际电联的整体利益出发，在同有关局的主任协商后，在必要时将职员从已任命的职位上临时调任其他工作，以便适应总部工作变动的需要。

94　k）在有关局主任的同意下，对每一个部门的大会和会议做出必要的行政和财务安排。

95　l）参照各部门的职责，承担国际电联大会会前和会后的适当秘书工作。

96　m）参照任何区域性磋商的结果，为《国际电联大会、全会和会议的总规则》第49款所述的代表团团长第一次会议起草建议。

97　n）为国际电联的大会提供秘书处，酌情与邀请国政府合作，并为国际电联的会议提供设施和服务，视情况可与有关局的主任合作，在其认为必要时，可根据上述第93款的规定抽调国际电联的职员。还可应要求以订立合同的方式为其他电信会议提供秘书处。

98　o）为及时出版和分发由总秘书处和各部门编写的、寄至国际电联的、大会或理事会要求出版的业务文件、情况通报及其他文件和记录等采取必要的行动；对于业务文件及其他大会要求出版的文件，应在同有关大会进行协商后，由理事会保存拟出版的文件清单。

99　p）利用其所掌握的或所收集的资料，包括从其他国际组织获得的资料，定期出版一份登载有关电信的一般性资料和参考资料的杂志。

100　q）经与协调委员会协商并实行所有可能的节约后，考虑到全权代表大会规定的财务限额，编制并向理事会提交国际电联经费支出的双年度预算草案。此预算草案应由一份汇总预算组成，包括按成本编制并基于结果的国际电联的预算信息。汇总预算由秘书长根据已公布的预算指导方针编制，并包括两种方案：一种方案按照会费单位零增长的情况编制，另一种方案则根据提取储备金以后会费单位的增长少于或等于全权代表大会所规定的限额的情况编制。预算决议案经理事会批准后，应寄送所有成员国参考。

101　r）在协调委员会的协助下，按照《财务规则》编写并提交给理事会一份财务工作年度报告。应编制简明的财务工作报告和账目，并提交下届全权代表大会审查和最后批准。

102　s）在协调委员会的协助下，编写国际电联活动年度报告，此项报告经理事会批准后寄送所有成员国。

102A　s之二）管理《组织法》第76A款所述的特别安排，此管理费用由该安排的各签署方以签署方与秘书长商定的方式承担。

103　t）履行国际电联的所有其他秘书性职能。

104　u）履行理事会所委托的任何其他职能。

105　2. 秘书长或副秘书长可以顾问身份参加国际电联的各种大会；秘书长或其代表可以顾问身份参加国际电联的所有其他会议。

第4节

第6条　协调委员会

106　1.1）协调委员会应就《组织法》第26条的相关规定和本《公约》的相关条款所提及的各项事宜向秘书长提供协助和咨询意见。

107　2）该委员会负责确保同《组织法》第49和50条中提及的各国际组织协调关于国际电联参加这些组织的大会的问题。

108　3）该委员会审查国际电联工作的进展情况，并协助秘书长编写本《公约》第86款所提及的报告，以便提交理事会。

109　2. 该委员会应力求取得一致结论。但是，如果委员会主席认为迫切需要就讨论的问题做出决定，且不能等到理事会下届例会时，即使没有得到多数委员的支持，他也可破例自行做出决定。在这种情况下，该主席应及时就此类问题以书面形式报告各理事国采取这一行动的理由，并附上委员会其他委员提出的其他书面意见。如果在此类情况下问题虽非紧急却很重要，则应提交理事会下届例会审议。

110　3. 主席每月应至少召集一次协调委员会会议；必要时在两名委员要求下也可召集会议。

111　4. 协调委员会的工作进程应写成报告，并提供给成员国。

第5节 无线电通信部门

第7条 世界无线电通信大会

112　1. 根据《组织法》第90款，应召开世界无线电通信大会以审议无线电通信的具体问题。世界无线电通信大会应处理按本条有关规定通过的议程中列入的议题。

113　2. 1) 世界无线电通信大会的议程可以包括：

114　a) 部分地或在特殊情况下全部修订《组织法》第4条中所述的《无线电规则》；

115　b) 大会权限内的任何其他世界性问题；

116　c) 有关对无线电规则委员会和无线电通信局的活动的指示和对这些活动的检查的议题；

117　d) 确定无线电通信全会及无线电通信研究组研究的问题以及全会应考虑的有关未来无线电通信大会的事宜。

118　2) 此议程的大致范围应在四年至六年前预先确定，而最后的议程宜在该大会召开的两年以前由理事会按本《公约》第47款的规定征得多数成员国的同意后确定。该议程的这两个版本均应按本《公约》第126款的规定根据世界无线电通信大会的建议制定。

119　3) 此议程应包括全权代表大会指定列入议程的任何问题。

120　3. 1) 此议程在下列情况下可以变更：

121　a) 至少有四分之一的成员国提出要求，此类要求应分别向秘书长提出，秘书长则应将要求转交理事会，以便批准；或者

122　b) 根据理事会的提议。

123　2) 按照本《公约》第47款的规定，世界无线电通信大会议程的变更建议只有当多数成员国同意后方为最后通过。

124　4. 大会还应：

125　1) 审议和批准无线电通信局主任关于上届大会以来该部门活动的报告；

126　2) 向理事会建议需要列入未来一届大会议程的议题，并就至

少四年一个周期的无线电通信大会的此类议程发表其意见，并估计其财务影响；

127　3）适当时在其决定中包括对秘书长和国际电联各部门的指示或要求。

128　5. 无线电通信全会或相关研究组的正副主席可以参加相关的世界无线电通信大会。

第8条　无线电通信全会

129　1. 无线电通信全会应处理并在适当时发布有关按照其程序通过的课题的建议或有关全权代表大会、任何其他大会、理事会或无线电规则委员会向其提出的问题的建议。

129A　1之二. 无线电通信全会有权按照《组织法》第145A款的规定通过管理该部门活动的工作方法和程序。

130　2. 关于上述第129款，无线电通信全会应：

131　1）审议研究组按照本《公约》第157款编写的报告，批准、修改或否决这些报告中所载的建议草案，并审议无线电通信顾问组根据本《公约》第160H款编写的报告；

132　2）批准在审议现有课题和新课题后产生的工作计划，确定各项研究的轻重缓急、预计财务影响和完成研究的时间表，同时需注意使国际电联的资源需求保持在最低限度内；

133　3）根据按上述第132款批准的工作计划，决定是否需要保留、终止或建立研究组，并给每个研究组分配拟研究的课题；

134　4）尽可能将发展中国家感兴趣的课题归并在一起，以促进发展中国家参加对这些问题的研究；

135　5）应世界无线电通信大会的要求，就其职责范围内的问题提供咨询意见；

136　6）向随后召开的世界无线电通信大会报告可能列入未来无线电通信大会议程的各项问题的进展情况；

136A　7）决定是否需要保留、终止或成立其他组并任命其正副主席；

136B　8）确定上述第136A款中所述组的职责范围，这类组不得通

过课题或建议书。

137　3. 无线电通信全会应由会议东道国政府指定的人员主持，或者，如果会议在国际电联所在地召开，则由全会自行选举产生的人员主持。主席由全会选举的副主席协助。

137A　4. 无线电通信全会可以将其权限范围内的特定事项指派给无线电通信顾问组，并指出需要在这些事项上采取的行动，涉及《无线电规则》中那些与程序相关的事项除外。

第 9 条　区域性无线电通信大会

138　区域性无线电通信大会的议程可仅限于具有区域性质的无线电通信的具体问题，包括有关无线电规则委员会和无线电通信局在有关区域活动的指示，条件是这种指示不与其他区域的利益相抵触。此类大会仅讨论列入其议程的议题。本《公约》第 118 至 123 款的规定适用于区域性无线电通信大会，但仅与相关区域的成员国有关。

第 10 条　无线电规则委员会

139　（删除）

140　2. 除《组织法》第 14 条阐述的职责外，该委员会应：

　　　1）审议无线电通信局主任应一个或多个相关主管部门的要求而提出的关于有害干扰的调查报告，并对此提出建议；

　　　2）在不受无线电通信局影响的情况下，应一个或多个相关主管部门的要求，亦审议针对无线电通信局有关频率指配的决定提出的申诉。

141　3. 无线电规则委员会的委员应以顾问的身份参加无线电通信大会。在这种情况下，他们不得作为其国家代表团的成员参加这些大会。

141A　3 之二. 该委员会指定的两名委员应以顾问的身份参加全权代表大会和无线电通信全会。在这种情况下，该委员会指定的这两名委员不得作为其国家代表团的成员参加这些大会或全会。

142　4. 国际电联只负担无线电规则委员会的委员履行其职责时的差旅费、生活费和保险费。

142A　4 之二. 该委员会的委员在根据《组织法》和《公约》中的

规定为国际电联履行职责时，或为国际电联出差时，享有与各成员国给予国际电联选任官员同等的职能特权和豁免，前提是符合各成员国的法律或其他适用法规的相关条款。给予该委员会委员这些职能特权和豁免是考虑到国际电联的利益而并非其个人利益。国际电联如认为给予该委员会一委员的所述豁免违反了有序的司法，且撤销该豁免不损害国际电联的利益，则可以并且应该撤销给予该委员的豁免。

143　5. 无线电规则委员会的工作方法如下。

144　1) 无线电规则委员会的委员应自行选举其正副主席各一名，任期一年。此后，每年由副主席接任主席并另选一名新的副主席。在正副主席均缺席时，无线电规则委员会应当从委员中选举一名临时主席。

145　2) 该委员会通常应每年最多召开四次会议，会期最多五天，地点一般在国际电联所在地，开会时至少要有三分之二的委员出席，其也可利用现代化的通信手段履行职责。但是，该委员会如认为有必要，并取决于需审议的问题，可以增加会议次数。特殊情况下，会期最长可为两周。

146　3) 该委员会应力求取得一致的决定。如这一努力失败，至少当三分之二的无线电规则委员会委员投票赞成时，一项决定才能生效。无线电规则委员会的每个委员有一票表决权；不允许代理投票。

147　4) 该委员会可按照《组织法》、本《公约》和《无线电规则》的规定做出其认为必要的内部安排。此类安排应作为无线电规则委员会议事规则的一部分予以公布。

第 11 条　无线电通信研究组

148　1. 无线电通信研究组由无线电通信全会设立。

149　2.1) 无线电通信研究组应研究按照无线电通信全会制定的程序通过的课题，并编写建议书草案，以便按照本《公约》第 246A 至 247 款规定的程序予以通过。

149A　1 之二) 无线电通信研究组还应研究世界无线电通信大会的决议和建议中确定的问题。此类研究的结果应包括在建议书或根据下述第 156 款规定编写的报告中。

150　2) 根据下述第 158 款，上述课题和问题的研究应集中于以下方面：

151　　a）地面和空间无线电通信的无线电频谱和对地静止卫星轨道及其他卫星轨道的使用；

152　　b）无线电系统的特性和性能；

153　　c）无线电台的操作；

154　　d）遇险和安全事宜方面的无线电通信问题。

155　　3）这些研究通常不涉及经济方面的问题，但是如果关系到技术和操作方案的比较，则可能考虑经济因素。

156　　3. 无线电通信研究组还应对世界和区域性无线电通信大会拟考虑的技术、操作和程序问题进行预备性研究，并按照无线电通信全会通过的这方面的工作计划或根据理事会的指示对相关问题编写详细报告。

157　　4. 每个研究组应为无线电通信全会编写一份说明工作进展情况的报告、按照上述第 149 款所载的磋商程序通过的建议书和任何新的或修订后的建议书草案，以供全会审议。

158　　5. 考虑到《组织法》第 79 款，上述第 151 至 154 款和本《公约》关于电信标准化部门的第 193 款所列举的任务应由无线电通信部门和电信标准化部门继续审议，以便就分配研究内容方面的变化达成一致。两个部门应密切合作，并采用能及时有效地进行审议和达成一致的程序。如果不能达成一致，有关问题应通过理事会提交全权代表大会决定。

159　　6. 无线电通信研究组在进行研究时，应在区域及国际层面上适当注意研究与发展中国家建立、发展和改进电信直接有关的课题并形成这方面的建议书。研究组在开展工作时应适当顾及各国、各区域和其他与无线电通信有关的国际组织的工作，并与它们进行合作，同时铭记国际电联在电信领域内保持其卓越地位的必要性。

160　　7. 为便于审查无线电通信部门的活动，应采取措施，促进同与无线电通信有关的其他组织以及与电信标准化部门和电信发展部门的合作与协调。无线电通信全会应为这些措施确定具体的职责、参加的条件和议事规则。

第 11A 条　无线电通信顾问组

160A　　1. 无线电通信顾问组应对成员国主管部门的代表、部门成员的代表和各研究组及其他组的主席开放，并应通过局主任行事。

160B　2. 无线电通信顾问组应：

160C　1）审议有关无线电通信全会、研究组及其他组的工作重点、计划、运作、财务问题及战略和无线电通信大会的筹备工作，以及国际电联大会、无线电通信全会或理事会所指定的任何特定事项；

160CA　1之二）审议上一周期运作规划的实施情况，以便确定该局未实现或未能实现该规划所制定目标的领域，并建议主任采取必要的纠正措施；

160D　2）审议按照本《公约》第132款规定制订的工作计划的实施进度；

160E　3）为研究组的工作提供指导方针；

160F　4）特别在促进与其他标准化组织，与电信标准化部门、电信发展部门和总秘书处的合作与协调方面建议应采取的措施；

160G　5）通过与无线电通信全会通过的工作程序相一致的、本组的工作程序；

160H　6）为无线电通信局主任编写一份报告，说明关于以上各项的行动；

160I　7）就根据本《公约》第137A款的规定布置承办的事项为无线电通信全会编写一份报告，报送主任，以便提交全会。

第 12 条　无线电通信局

161　1. 无线电通信局主任应组织和协调无线电通信部门的工作。无线电通信局的职责得到《无线电规则》中规定的补充。

162　2. 具体地说，主任应：

163　1）在无线电通信大会方面：

164　a）协调研究组及其他组和无线电通信局的筹备工作，将筹备工作的结果通报给各成员国和部门成员，收集它们的意见，并向该大会提交一份可含具有规则性质提案的综合报告；

165　b）以顾问的身份当然参加无线电通信大会、无线电通信全会和无线电通信研究组及其他组的讨论，按照本《公约》的第94款，与总秘书处并在适当时与国际电联其他部门协商，为无线电通信大会和无线电通信部门的会议进行所有必要的筹备工作，并在进行这些筹备工作时给予理事会的指示应有的注意；

166 c) 在发展中国家筹备无线电通信大会时向它们提供帮助。

167 2) 在无线电规则委员会方面：

168 a) 编写《程序规则》草案并提交无线电规则委员会批准，《程序规则》草案应特别包括实施《无线电规则》的规定所需的计算方法和数据；

169 b) 向所有成员国分发无线电规则委员会的《程序规则》，收集各主管部门的意见并提交无线电规则委员会；

170 c) 处理在实施《无线电规则》的有关条款和区域性协议及其有关的《程序规则》时从主管部门获得的资料，并视情况以适当的形式准备出版；

171 d) 实施无线电规则委员会批准的《程序规则》，编印和出版基于该规则的审议结果，并将一主管部门要求的且在运用《程序规则》后仍不能解决的任何审议结果提交无线电规则委员会复审；

172 e) 按照《无线电规则》的有关规定，有秩序地记录和登记频率指配和（在适当时）相关的轨道特性，并不断更新国际频率登记总表，检查该表中的登记条目，以便在有关主管部门同意下，对不能反映实际频率使用情况的登记条目视情况予以修改或删除；

173 f) 应一个或多个有关主管部门的要求，帮助处理有害干扰的案例，并在必要时进行调查，并编写一份包括给有关主管部门的建议草案的报告，供无线电规则委员会审议；

174 g) 担任无线电规则委员会的执行秘书。

175 3) 协调各无线电通信研究组及其他组的工作，并负责组织该工作。

175A 3之二）为无线电通信顾问组提供必要的支持，并每年向成员国、部门成员和理事会报告顾问组的工作结果。

175B 3之三）为促进发展中国家参加无线电通信研究组及其他组采取切实可行的措施。

176 4) 还承担下列各项工作：

177 a) 开展研究，以便针对在那些可能发生有害干扰的频段使用

166

尽可能多的无线电信道提出咨询意见，并致力于公平、有效和经济地使用对地静止卫星轨道，在研究时应考虑到要求帮助的成员国的需要和发展中国家的特殊需要以及某些国家的特殊地理情况；

178　b) 以机器可读的方式及其他方式与各成员国和部门成员交换数据，编写并更新无线电通信部门的任何文件和数据库，并在适当时，与秘书长一起，按照《组织法》第172款安排以国际电联的语文予以出版；

179　c) 保存可能需要的基本记录；

180　d) 向世界无线电通信大会提交一份有关上届大会以来无线电通信部门活动的报告，如果未计划召开世界无线电通信大会，则应向理事会提交一份有关上届大会以来该部门活动的报告，并将其提交成员国和部门成员以供参考；

181　e) 根据无线电通信部门的需要编制一份基于成本的预算估算，并转呈秘书长，供协调委员会审议并列入国际电联的预算；

181A　f) 每年编写一份涉及其后一年及随后三年的四年期滚动式运作规划，包括该局为支持整个部门而开展的活动的财务影响，此四年期运作规划由无线电通信顾问组按照本《公约》第11A条审议，并每年由理事会审议和批准。

182　3. 主任应在理事会批准的预算框架内选用该局的技术和行政人员。技术和行政人员由秘书长会商主任后任命。最后的任免决定由秘书长定夺。

183　4. 必要时，主任应在《组织法》和本《公约》的框架范围内向电信发展部门提供技术支持。

第6节　电信标准化部门

第13条　世界电信标准化全会

184　1. 根据《组织法》第104款，应召开世界电信标准化全会，以审议与电信标准化有关的具体问题。

184A　1之二. 世界电信标准化全会有权按照《组织法》第145A款的规定通过管理本部门活动的工作方法和程序。

185　2. 那些由世界电信标准化全会研究并发布建议书的课题，应为那些根据世界电信标准化全会程序通过的，或是全权代表大会、任何其他大会或理事会向该全会提交的课题。

186　3. 根据《组织法》第104款，全会应：

187　a) 审议研究组按照本《公约》第194款编写的报告，批准、修改或否决这些报告中所载的建议书草案，并审议电信标准化顾问组根据本《公约》第197H和197I款编写的报告；

188　b) 批准在审议现有课题和新课题后产生的工作计划，确定各项研究的轻重缓急、预计财务影响及其完成研究的时间表，同时考虑到需将国际电联的资源需求保持在最低限度内；

189　c) 根据按上述第188款批准的工作计划，决定是否需要保留、终止或建立研究组，并给每个研究组分配拟研究的课题；

190　d) 尽可能将发展中国家感兴趣的课题归并在一起，以促进发展中国家参与这些研究；

191　e) 审议并批准主任关于上届大会以来该部门的活动报告；

191A　f) 决定是否需要保留、终止或成立其他组，并任命其正副主席；

191B　g) 确定上述第191A款所述组的职责范围；此类组不得通过课题或建议书。

191C　4. 世界电信标准化全会可以在其职责范围内向电信标准化顾问组布置具体承办事项，并指出需采取的行动。

191D　5. 世界电信标准化全会应由会议东道国政府指定的主席主持；如果会议在国际电联所在地召开，则由全会自行选举产生的主席主持。主席由全会选举的副主席协助工作。

第14条　电信标准化研究组

192　1.1) 电信标准化研究组应研究按照世界电信标准化全会制定的程序通过的课题，并编写建议书草案，以便按照本《公约》第246A至247款规定的程序予以通过。

193　2) 各研究组应在遵守下述第195款的条件下，研究技术、运营和资费问题，并就这些问题编写建议书，包括有关公众电信网中无线电系统的互联以及这些互联所需性能的建议书，以使全世界的电信标准化。与本《公约》第151至154款中列举的无线电通信有关的技术和运营问题应属于无线电通信部门的权限范围。

194　3）每个研究组均应为世界电信标准化全会编写一份说明工作进展情况的报告、按照上述第192款所载的征询程序通过的建议书和任何新的或修订后的建议书草案，供全会审议。

195　2. 考虑到《组织法》第105款，上述第193款和本《公约》关于无线电通信部门的第151至154款所列举的任务应由电信标准化部门和无线电通信部门继续审议，以便就分配研究内容方面的变化达成一致。两部门应密切合作，并采用能及时有效地进行审议和达成一致的程序。如果不能达成一致，有关问题应通过理事会提交全权代表大会决定。

196　3. 电信标准化研究组在进行研究时，应在区域和国际层面上适当注意研究与发展中国家建立、发展和改进电信直接有关的课题并形成这方面的建议书。在开展工作时，应适当顾及各国的、区域的及其他国际标准化组织的工作，并与它们进行合作，同时注意到有必要使国际电联在世界电信标准化领域内保持卓越的地位。

197　4. 为便于审查电信标准化部门的活动，应采取措施，促进同与电信标准化有关的其他组织以及与无线电通信部门和电信发展部门的合作与协调。世界电信标准化全会应为这些措施确定具体职责、参加条件和议事规则。

第14A条　电信标准化顾问组

197A　1. 电信标准化顾问组应对成员国主管部门的代表、部门成员的代表和各研究组及其他组的主席开放。

197B　2. 电信标准化顾问组应：

197C　1）审议电信标准化部门活动的优先顺序、计划、运作、财务事宜及战略；

197CA　1之二）审议上一周期运作规划的实施情况，以便确定已列入该规划但该局未实现或未能实现的目标领域，并建议主任采取必要的纠正措施；

197D　2）审议按照本《公约》第188款规定制订的工作计划的实施进度；

197E 3）为研究组的工作提供指导方针；

197F 4）特别在促进与其他有关机构，与无线电通信部门、电信发展部门和总秘书处的合作与协调方面建议应采取的措施；

197G 5）通过与世界电信标准化全会所通过的工作程序相一致的电信标准化顾问组的工作程序；

197H 6）为电信标准化局主任起草一份报告，说明以上各项方面所开展的行动；

197I 7）就根据第191A款的规定布置其承办的事宜为世界电信标准化全会起草一份报告，报送主任，以便提交全会。

第15条 电信标准化局

198 1. 电信标准化局主任应组织和协调电信标准化部门的工作。

199 2. 具体地说，主任应：

200 a）会商各电信标准化研究组及其他组的主席，每年更新世界电信标准化全会批准的工作计划；

201 b）以顾问的身份当然参加世界电信标准化全会和电信标准化研究组及其他组的讨论，按照本《公约》第94款会商总秘书处，并酌情会商国际电联的其他部门，为电信标准化部门的全会和会议进行一切必要的筹备工作，在进行筹备工作时应给予理事会的指示应有的注意；

202 c）处理在应用《国际电信规则》的有关规定或世界电信标准化全会的相关决定时从主管部门获得的信息，并视情况以适当的形式编印、出版；

203 d）以机器可读的方式及其他方式与各成员国和部门成员交换数据，准备并在必要时更新电信标准化部门的任何文件和数据库，并在适当时，与秘书长一起，按照《组织法》第172款安排以国际电联的语文出版；

204 e）向世界电信标准化全会提交自上届全会以来电信标准化部门的活动报告，向理事会、成员国和部门成员提交一份自上届全会以来两年情况的报告，除非召开第二次全会；

205 f）根据电信标准化部门的需要编制基于成本的预算估算，并将其转呈秘书长，以便协调委员会审议并列入国际电联的预算；

205A g）每年编写一份涉及其后一年及随后三年的四年期滚动式运

作规划，包括该局为支持整个部门而开展的活动的财务影响，此四年期运作规划由电信标准化顾问组按照本《公约》第14A条规定审议，并每年由理事会审议和批准；

205B　h）为电信标准化顾问组提供必要的支持，并每年向成员国、部门成员和理事会报告工作结果；

205C　i）在世界电信标准化全会的筹备工作中向发展中国家提供帮助，特别是在这些国家重点关注的问题方面。

206　3. 主任应在理事会批准的预算范围内选用电信标准化局的技术和行政人员。技术和行政人员由秘书长会商主任后任命。最后的任免决定由秘书长定夺。

207　4. 必要时，主任应在《组织法》和本《公约》的框架范围内向电信发展部门提供技术支持。

第7节　电信发展部门

第16条　电信发展大会

207A　1. 世界电信发展大会有权按照《组织法》第145A款的规定通过管理本部门活动的工作方法和程序。

208　1之二. 根据《组织法》第118款，电信发展大会的职责如下。

209　a）世界电信发展大会应制订工作计划和确定电信发展问题与优先次序的指导方针，并为电信发展部门的工作计划指出方向、提供指导。大会应根据上述工作计划决定是否需要保留或解散现有的研究组或成立新研究组，并向其分配研究课题。

209A　a之二）决定是否需要保留、终止或成立其他组，并任命其正副主席。

209B　a之三）确定上述209A款所述组的职责范围；此类组不得通过课题或建议书。

210　b）区域性电信发展大会可以就有关区域的具体电信需求和特点向电信发展局提供咨询意见，还可向世界电信发展大会提交建议。

211　c）电信发展大会应制定世界和区域性电信均衡发展的目标和

战略，尤其应考虑发展中国家网络和业务的扩大和现代化以及为此所需资源的筹措。电信发展大会应作为政策研究、组织、运作、监管、技术、财务及相关问题（包括确定与获得新的资金来源）的论坛。

212　　d) 世界和区域性电信发展大会应在各自职责范围内，审议提交给它们的报告，并评价电信发展部门的活动；这些大会亦可审议与国际电联其他部门活动有关的电信发展问题。

213　　2. 电信发展大会的议程草案应由电信发展局主任拟定，并由秘书长提交理事会予以批准，批准时须遵照本《公约》第 47 款的规定：如属世界性大会，须征得多数成员国的同意；如属区域性大会，须征得有关区域的多数成员国的同意。

213A　　3. 电信发展大会可以将其权限范围内的具体事项分配给电信发展顾问组，并说明在这些事项方面建议采取的行动。

第 17 条　　电信发展研究组

214　　1. 电信发展研究组应研究发展中国家普遍感兴趣的具体的电信问题，包括上述第 211 款中列举的事项。此类研究组的数量和存在时间应受到资金可用性的限制，在课题和发展中国家最关注的事宜方面应有明确的研究范围，而且应针对研究任务开展工作。

215　　2. 考虑到《组织法》第 119 款，无线电通信部门、电信标准化部门和电信发展部门应不断审议正在进行研究的课题，以便就工作分工达成一致，避免重复，改进协调。各部门应采用能及时有效地进行这种审议和达成一致的程序。

215A　　3. 每个电信发展研究组均应为世界电信发展大会编写一份说明工作进展情况的报告，并编写新的或修订的建议草案，供大会审议。

215B　　4. 电信发展研究组应研究课题，并编写建议草案，以便按照本《公约》第 246A 至 247 款制定的程序予以通过。

第 17A 条　　电信发展顾问组

215C　　1. 电信发展顾问组应对成员国主管部门的代表、部门成员的代表和各研究组及其他组的正副主席开放，并通过局主任开展工作。

215D　　2. 电信发展顾问组应：

附录二　国际电信联盟公约

215E　1）审议电信发展部门活动的优先顺序、计划、运作、财务问题及战略；

215EA　1之二）审议上一周期运作规划的实施情况，以便确定已列入该规划中但该局未实现或未能实现目标的领域，并建议主任采取必要的纠正措施；

215F　2）审议按照本《公约》第209款制订的工作计划的实施进度；

215G　3）为研究组工作提供指导方针；

215H　4）特别在促进与无线电通信部门、电信标准化部门和总秘书处以及相关发展和金融机构的合作与协调方面建议应采取的措施；

215I　5）通过与世界电信发展大会通过的工作程序相一致的电信发展顾问组的工作程序；

215J　6）为电信发展局主任编写一份报告，说明以上各项内容方面的行动；

215JA　6之二）就根据本《公约》第213A款布置其承办的事宜为世界电信发展大会编写一份报告，报送主任，以便提交大会。

215K　3.双边合作和发展援助机构以及多边发展机构的代表可应主任的邀请参加顾问组会议。

第18条　电信发展局

216　1.电信发展局主任应组织和协调电信发展部门的工作。

217　2.具体地说，主任应：

218　a）以顾问的身份当然参加电信发展大会和电信发展研究组及其他组的讨论，按照本《公约》第94款会商总秘书处，并在适当时会商国际电联其他部门，为电信发展部门的大会和会议进行一切必要的筹备工作，在进行筹备工作时应给予理事会的指示应有的注意；

219　b）处理在落实全权代表大会和电信发展大会的相关决议和决定时从主管部门获得的信息，并视情况以适当的形式编印、出版；

220　c）以机器可读的方式及其他方式与各成员交换数据，准备并在必要时更新电信发展部门的任何文件和数据库，并在适当时，与秘书长一起，按照《组织法》第172款安排以国际电联的语文出版；

221 　d) 与国际电联总秘书处和其他部门合作，汇编并准备出版对发展中国家可能特别有用的技术和管理资料，以便帮助发展中国家改进电信网，还应请发展中国家注意由联合国主办的国际计划提供的各种可能性；

222 　e) 向世界电信发展大会提交自上届大会以来电信发展部门的活动报告，向理事会、成员国和部门成员提交自上届大会以来两年情况的报告；

223 　f) 根据电信发展部门的需要编制基于成本的预算估算，并将其转呈秘书长，以便协调委员会审议并列入国际电联预算；

223A　g) 每年编写一份涉及其后一年及随后三年的四年期滚动式运作规划，包括该局为支持整个部门而开展的活动的财务影响，此四年期运作规划由电信发展顾问组按照本《公约》第17A条审议，并每年由理事会审议和批准；

223B　h) 为电信发展顾问组提供必要的支持，并每年向成员国、部门成员和理事会汇报工作结果。

224 　3. 主任应与其他选任官员联合工作，以确保加强国际电联在促进电信发展中的催化剂作用，并应与有关局的主任一道，为开展适当行动（包括召集该有关部门活动的情况通报会）做出必要的安排。

225 　4. 主任可应有关成员国的要求，在其他局的主任和适当时在秘书长的协助下，研究其国内电信问题并提供咨询意见；如涉及对技术方案的比较，可以考虑经济因素。

226 　5. 主任应在理事会批准的预算范围内选用电信发展局的技术和行政人员。技术和行政人员由秘书长会商主任后任命。最后的任免决定由秘书长定夺。

227 　（删除）

第8节　三个部门的共同条款

第19条　主管部门以外的实体和组织参加国际电联的活动

228 　1. 秘书长和各局主任应鼓励下列实体和组织积极参加国际电联的活动：

229　a）有关成员国所批准的经认可的运营机构、科学或工业组织和金融或发展机构；

230　b）有关成员国所批准的与电信问题有关的其他实体；

231　c）区域性及其他国际性电信、标准化、金融或发展组织。

232　2. 各局主任应与获准参加国际电联一个或多个部门活动的实体和组织保持密切的工作关系。

233　3. 经有关成员国批准的上述第229款所列的实体按照《组织法》和本《公约》的有关条款要求参加一部门的工作时，该申请应由该成员国送交秘书长。

234　4. 由有关成员国提交的上述第230款所述的实体的申请应根据理事会制定的程序办理。理事会应审议这种申请是否符合上述程序。

234A　4之二. 上述第229或230款所列的实体要求成为部门成员的申请也可以直接送交秘书长。授权此类实体向秘书长直接申请的成员国应通知秘书长。如相关成员国未向秘书长发出通知，则有关实体不得进行直接申请。秘书长应该定期更新和公布那些已经允许其管辖或主权范围内的实体直接向秘书长提出申请的成员国的名单。

234B　4之三. 秘书长在收到一实体按上述第234A款直接提交的申请后，应根据理事会规定的标准，确保该申请实体的职能和宗旨与国际电联的宗旨一致。之后，秘书长应立即通知实体所在成员国，请其批准申请。如果秘书长在四个月内没有收到该成员国的反对意见，则应当发出一份催办电报，以示提醒。如果秘书长在催办电报发出后四个月内仍未收到该成员国的反对意见，则该申请被视为获得批准。如果秘书长收到该成员国的反对意见，秘书长则应请该申请实体与该成员国接触。

234C　4之四. 在授权直接申请时，成员国可以通知秘书长，它授权秘书长批准其管辖或主权范围内任何实体的任何申请。

235　5. 上述第231款所列的（本《公约》第269B和269C款所述以外的）任何实体或组织要求参加一部门工作的任何申请，均应寄送秘书长，并按照理事会制定的程序办理。

236　6. 本《公约》第269B至269D款所述的组织要求参加一部门工作

175

的任何申请都应寄送秘书长，有关组织应列入下述第237款所述的名册中。

237　7. 秘书长应汇编并保存本《公约》第229至231款和第269B至269D款所述的获准参加每个部门工作的所有实体和组织的名册，并应隔一段适当的时间将这些名册印发给所有成员国、有关部门成员和有关局的主任。该主任应向此类实体和组织通报对其申请所采取的行动，并应通知有关成员国。

238　8. 上述第237款所述的实体和组织参加各部门的条件在本条、第33条及本《公约》的其他相关条款中做了具体规定。《组织法》第25至28款的规定不适用于它们。

239　9. 一部门成员可代表批准它的成员国行事，但该成员国须通知有关局的主任已授权该成员如此行事。

240　10. 任何部门成员均有权通知秘书长声明退出。适当时，有关成员国也可代其声明退出，或者，如果部门成员是根据上述第234C款规定批准的，则可按照理事会确定的标准和程序办理。此类退出应自秘书长收到通知之日起六个月后生效。

241　11. 秘书长应按照理事会确定的标准和程序从实体和组织名册中删除已不再获准参加一部门工作的任何实体或组织。

241A　12. 一部门的全会或大会可以按照以下原则来吸收实体或组织以部门准成员的身份参加某一研究组或子研究组的工作。

241B　1) 上述第229至231款所述的实体或组织可以申请以部门准成员的身份参加某一研究组的工作。

241C　2) 如果一部门决定吸收部门准成员，秘书长应根据本条的相关规定对申请者进行审查，同时考虑到该实体或组织的规模及其他相关标准。

241D　3) 被允许参加某一研究组的部门准成员不登入上述第237款规定的名册内。

241E　4) 参加一研究组工作的条件在本《公约》第248B和483A款中做了具体规定。

第20条　研究组工作的开展

242　1. 无线电通信全会、世界电信标准化全会和世界电信发展大会应

附录二　国际电信联盟公约

为每一研究组任命主席和一至多名副主席。在任命正副主席时，应特别注意对能力的要求和按地域公平分配以及促进发展中国家更有效地参与的必要性。

243　2. 如属研究组工作量的需要，全会或大会应任命其认为必要的增补副主席。

244　3. 如果在有关部门的两届全会或大会之间，一研究组的主席不能履行其职责而研究组又仅有一位副主席，则由该副主席接替主席的职位。如果一研究组任命了一位以上的副主席，则该研究组应在下次开会时从那些副主席中选举一位主席，并在必要时从研究组成员中选举一位副主席。如果副主席之一在此期间不能履行其职责，大会应以同样方式选举一位副主席。

245　4. 研究组应尽可能使用现代化通信手段以通信方式开展其工作。

246　5. 每一部门的局主任应根据有权能的大会或全会的决定，在与秘书长协商和按《组织法》和《公约》的要求进行协调后，拟订研究组会议的总计划。

246A　5之二.1）成员国和部门成员应视情况按相关大会或全会制定的程序通过需研究的课题，包括说明产生的建议书是否需要与成员国正式协商。

246B　2）上述课题研究产生的建议书由研究组视情况按照有关大会或全会制定的程序通过。那些不需与成员国正式协商批准的建议书应视为批准。

246C　3）对于需要与成员国正式协商的建议书，或可按下述第247款规定处理，或视情况转呈相关大会或全会。

246D　4）上述第246A和246B款规定不适用于有政策或监管影响的课题和建议书，如：

246E　a）无线电通信部门批准的有关无线电通信大会工作的课题和建议书，以及其他可能由无线电通信全会决定的课题和建议书；

246F　b）电信标准化部门批准的有关资费和结算问题以及编号和寻址方案的课题和建议书；

246G　c）电信发展部门批准的有关监管、政策和财务问题的课题和建议；

246H　d）所涉范围不明的课题和建议书。

177

247　6. 研究组可采取行动，以争取各成员国批准在两届全会或大会之间完成的建议书。用于获得此类批准的程序应为有权能的全会或大会通过的程序。

247A　6之二．按照上述第246B或247款批准的建议书与大会或全会批准的建议书享有同等地位。

248　7. 如属必要，可以设立联合工作组，研究需若干研究组的专家一起参加研究的课题。

248A　7之二．在相关部门制定出程序之后，一个局的主任经与有关研究组主席协商，可邀请一未参加该部门活动的组织派送代表参加有关研究组或其子研究组一特定问题的研究。

248B　7之三．本《公约》第241A款所述的部门准成员可以获准参加所选择的研究组的活动，但不能参加该研究组任何决策性或联络性活动。

249　8. 有关局的主任应将研究组的最后报告发给参加该部门的主管部门、组织和实体。这种报告应包括一份按照上述第247款批准的建议书的清单。这些报告应尽快发出，无论如何最迟应于下届有关大会开会日的一个月前寄达。

第21条　一个大会给另一个大会的建议

250　1. 任何大会均可向国际电联的另一个大会提交属于其权能范围内的建议。

251　2. 此类建议应及时寄送秘书长，以便按《国际电联大会、全会和会议的总规则》第44款的规定进行汇总、协调和通知。

第22条　各部门之间和与国际组织之间的关系

252　1. 各局的主任在按照《组织法》、本《公约》和有权能的大会或全会的决定的要求进行适当协商和协调后，可同意组织召开两个或三个部门的研究组联合会议，以便就共同关心的问题研究和编写建议书草案。这种建议书草案应提交有关部门的有权能的大会或全会。

253　2. 秘书长、副秘书长、其他部门的局主任，或他们的代表，以及无线电规则委员会的委员可以顾问的身份参加一部门的大会或会议。如属必要，大会或会议可以邀请不认为有必要派代表与会的总秘书处或任何其他部门的代表以顾问的身份参加。

254　3. 当一部门被邀请参加一国际组织的会议时，该部门的主任受权为派遣代表以顾问的身份参加会议做出安排，但应参照本《公约》第107款的规定。

第二章　关于大会和全会的具体条款

第 23 条　接纳出席全权代表大会

255 至 266　（删除）

267　1. 被接纳出席全权代表大会的包括：

268　a）代表团；

268A　b）以顾问身份与会的选任官员；

268B　c）根据本《公约》第 141A 款以顾问身份与会的无线电规则委员会；

269　d）下列组织、机构和实体的观察员，以顾问身份与会：

269A　Ⅰ）联合国；

269B　Ⅱ）《组织法》第 43 条所述的区域性电信组织；

269C　Ⅲ）运营卫星系统的政府间组织；

269D　Ⅳ）联合国各专门机构和国际原子能机构；

269E　e）本《公约》第 229 和 231 款所述的部门成员的观察员。

269F　2. 国际电联的总秘书处和三个局应派代表以顾问的身份出席大会。

第 24 条　接纳出席无线电通信大会

270 至 275　（删除）

276　1. 被接纳出席无线电通信大会的包括：

277　a）代表团；

278　b）本《公约》第 269A 至 269D 款所述的、以顾问身份与会的组织和机构的观察员；

279　c）按照《国际电联大会、全会和会议的总规则》第一章的相

关规定应邀以顾问身份与会的其他国际组织的观察员；

280　d）无线电通信部门的部门成员的观察员；

281　（删除）

282　e）参加成员国所属区域以外的区域性无线电通信大会时无表决资格的所述成员国的观察员；

282A　f）在大会讨论其权限范围内的事务时，以顾问的身份与会的选任官员和无线电规则委员会的委员。

第25条　接纳出席无线电通信全会、世界电信标准化全会和电信发展大会

283 至 294　（删除）

295　1. 应接纳出席全会或大会的包括：

296　a）代表团；

296 之二　b）相关部门成员的代表；

297　c）以顾问身份与会的观察员来自：

297 之二　Ⅰ）本《公约》第269A 至 269D 款所述的组织和机构；

298　（删除）

298A 至 298B　（删除）

298C　Ⅱ）涉及与全会或大会有关的问题的任何其他区域性组织或其他国际组织；

298D 至 298F　（删除）

298G　2. 国际电联选任官员、总秘书处和各局应酌情派代表以顾问的身份出席全会或大会。无线电规则委员会指定的该委员会的两名委员应以顾问的身份参加无线电通信全会。

第26条至第30条（删除）

第31条　参加大会的证书

324　1. 成员国向全权代表大会、无线电通信大会或世界国际电信大会派遣的代表团应按下述第325 至 331 款规定正式受命。

325　2.1）出席全权代表大会的代表团应以国家元首、政府首脑或外交部长签署的证书授命。

326　2）出席上述第324款所述的其他大会的代表团应以国家元首、政府首脑或外交部长或负责该大会所涉问题的部长签署的证书授命。

327　3）代表团可由有关成员国派驻大会所在国政府的外交使团团长临时授命，但须由上述第325或326款所述当局之一在最后文件签署以前予以确认。如大会在瑞士联邦举行，代表团亦可由有关成员国驻联合国日内瓦办事处的常驻代表团团长临时授命。

328　3. 应予接受的证书须由上述第325至327款所述的有权能的当局之一签署，并须符合下列条件之一：

329　—授予代表团全权；

330　—授权代表团代表本国政府而不受任何限制；

331　—授权代表团或其某些成员签署最后文件。

332　4.1）凡其证书经全体会议审定为合格的代表团，应有权行使有关成员国的表决权并可签署最后文件，但须符合《组织法》第169和210款的规定。

333　2）凡其证书经全体会议审定为不合格的代表团，在情况变更得到核准之前，不得行使其表决权或签署最后文件。

334　5. 证书应尽早交存大会秘书处；为此，成员国应在大会开幕日前将其证书送交秘书长，秘书长则应在大会秘书处成立后尽快将证书转交大会秘书处。应委托《国际电联大会、全会和会议的总规则》第68款所述的委员会在全体会议所规定的时间内对证书进行审查，并将其审查结论向全体会议报告。在全体会议就证书做出决定之前，任何代表团均有权参加大会并行使相关成员国的表决权。

335　6. 按照惯例，成员国应尽量派遣自己的代表团出席国际电联的大会。但是，如一成员国由于特殊原因不能派遣自己的代表团，它可以授权另一成员国的代表团代其行使表决权和签署权。这种权利的转让须由上述第325或326款所述当局之一签署的法律文书加以确认。

336　7. 一个享有表决权的代表团可以委托另一享有表决权的代表团在它不能出席的一次或几次会议上代其行使表决权。在此类情况下，该代表团应及时书面通知大会主席。

337　8. 一个代表团不得行使一票以上的代理表决权。

338　9. 不得接受以电报传递的证书和权力的转让。但是，可以接受以电报传递的对大会主席或秘书处澄清证书要求的答复。

339　10. 有意向电信标准化全会、电信发展大会或无线电通信全会派遣代表团或代表的成员国或受权的实体或组织，应通知有关部门的局主任与会愿望，并说明代表团成员或代表的姓名和职务。

第三章（删除）

第 32 条　国际电联大会、全会和会议的总规则

339A　1. 《国际电联大会、全会和会议的总规则》由全权代表大会通过。有关总规则修正程序以及修正案生效的规定载明在总规则内。

340　2. 应用《国际电联大会、全会和会议的总规则》时不得损及《组织法》第 55 条和本《公约》第 42 条所载的修正条款。

第 32A 条　表决权

340A　1. 根据《组织法》第 3 条的规定，正式获得一成员国授权参加大会、全会或其他会议工作的该成员国的代表团在一届大会、全会或其他会议的所有会议上，享有一票表决权。

340B　2. 成员国的代表团应按本《公约》第 31 条所述条件行使表决权。

340C　3. 当一成员国不派遣主管部门的代表出席无线电通信全会、世界电信标准化全会或世界电信发展大会时，则该成员国的经认可运营机构的代表，无论其数目多少，均应作为一个整体享有一票表决权，但须符合本《公约》第 239 款的规定。本《公约》第 335 至 338 款关于权力转让的规定应适用于上述大会和全会。

第 32B 条　保留

340D　1. 按照惯例，任何代表团的意见如未得到其余代表团的赞同，则应尽可能与多数意见取得一致。

340E　2. 任何在全权代表大会期间保留在签署最后文件时的声明中所述的做出保留的权利的成员国，可在向秘书长交存该成员国对修订条款的核准、接受、批准或加入证书之前，对《组织法》或本《公约》修正条款提出保留意见。

340F　3. 如果一代表团认为任一决定会妨碍其政府接受行政规则修订条款的约束，则该代表团可以在通过该修订条款的大会结束时，对该决定做出最终的或暂时的保留；如果一成员国没有出席有权能的大会并授权一代表团代理签署最后文件，则可由该代表团按照本《公约》第 31 条的规定代为做出保留。

340G　4. 大会以后做出的保留只可以在以下条件下生效，即做出保留的成员国必须在通知愿意接受该大会通过的修正或修订法规的约束时正式确认其保留，并说明该项保留是在该大会结束时做出的。

341 至 467　（删除）

第四章　其他条款

第 33 条　财务

468　1. 1）根据《组织法》第 28 条的有关条款，每一成员国（但须符合下述第 468A 款的规定）和每一部门成员（但须符合下述第 468B 款的规定）须从下列会费等级表中选择其会费等级：

自 40 个会费单位的等级至 2 个会费单位的等级，以一个会费单位为一个增减等级

2 个会费单位以下的会费单位等级如下：

1 又 1/2 个会费单位的等级

1 个会费单位的等级

1/2 个会费单位的等级

1/4 个会费单位的等级

1/8 个会费单位的等级

1/16 个会费单位的等级

468A　1 之二）只有被联合国列为最不发达国家的成员国和理事会确定的成员国可以选择 1/8 个和 1/16 个会费单位的等级。

468B　1之三）除电信发展部门的部门成员可以选择1/4个、1/8个和1/16个会费单位的等级外，其他部门成员均不可选择低于1/2个会费单位的等级。1/16个会费单位的等级专门留给联合国开发计划署（UNDP）制定的名单上确定的并由国际电联理事会审定的发展中国家的部门成员选择。

469　2）除上述第468款所列的会费等级以外，任何成员国或部门成员均可选择高于40的会费单位数。

470　3）秘书长应及时将每一成员国选择会费等级的决定通知每个未派代表参加全权代表大会的成员国。

471　（删除）

472　2.1）每一新成员国和部门成员在其加入或接纳年份所缴会费应自加入或接纳月份的第一天算起。

473　2）如一成员国宣布退出《组织法》和本《公约》或一部门成员宣布退出一部门，其会费应分别缴至由《组织法》第237款或本《公约》第240款规定的退出生效月份的最后一天为止。

474　3. 欠缴金额应自国际电联每一财务年度第四个月开始之日起计息，其后三个月内为年息3%（百分之三），自第七个月起为年息6%（百分之六）。

475　（删除）

476　4.1）根据本《公约》的规定，参加全权代表大会，国际电联一部门的大会、全会、会议或世界国际电信大会的本《公约》第269A至269E款所述的组织和本《公约》第二章所规定的其他组织（除非理事会根据互惠原则准予免付）和本《公约》第230款所述的部门成员，应以这些大会和会议的成本为基础，并按照《财务规则》，摊付其参加的大会、全会和会议的费用。但是，部门成员出席各自部门的大会、全会或会议时不另外付费，区域性无线电通信大会除外。

477　2）本《公约》第237款提及的名册中所载的部门成员应按照下述第480和480A款摊付该部门的费用。

478和479（删除）

480　5）为支付每个有关部门的费用而缴付的每一单位会费的金额

应为成员国会费单位金额的 1/5。这些会费应视为国际电联的收入。应按上述第 474 款的规定计息。

480A　5 之二）当一部门成员按《组织法》第 159A 款缴纳会费以摊付国际电联的经费时，应说明会费缴予哪个部门。

480B　5 之三）在例外情况下，当一部门成员认为自己已不再能维持原来选定的会费等级而要求削减会费单位数额时，理事会可授权这种削减。

481 至 483　（删除）

483A　4 之二）本《公约》第 241A 款所述的部门准成员应按理事会的规定，摊付其所参加的部门、研究组及子研究组的经费。

484　5. 理事会应确定对国际电联一些产品和服务实行成本回收的标准。

485　6. 国际电联应保留一项储备金账目，以便为基本支出提供流动资金并留有足够的现金储备，以尽可能避免借用贷款。储备金账目的金额每年由理事会根据预计的需求确定。在每一双年度预算期结束时，所有未开销或未支付的预算余额均放入储备金账目。关于此账目的其他详细情况见《财务规则》。

486　7.1）秘书长经与协调委员会商定后，可以接受自愿捐赠的现金或实物，但是这种自愿捐赠所附的条件视情况应与国际电联的宗旨和项目以及大会通过的项目一致，并且须符合含有接受和使用此类自愿捐赠的特别规定的《财务规则》。

487　2）秘书长应在财务工作报告中向理事会报告此类自愿捐赠，并在摘要中说明每一捐赠的由来、建议用途和针对每一自愿捐赠所采取的行动。

第 34 条　大会的财务责任

488　1. 在通过具有财务影响的提案或做出具有财务影响的决定之前，国际电联的大会应考虑到国际电联关于预算的所有规定，旨在确保这些提案或决定不会使支出超出理事会受权批准使用的款额。

489　2. 如大会的决定可能直接或间接地增加支出以致超出理事会受

权批准使用的款额，则不得予以实施。

第35条 语文

490　　1.1) 有以下情况时可以使用《组织法》第29条有关规定所述语文以外的语文：

491　　a) 如果有成员国向秘书长提出申请，要求永久或临时地增加使用一种或几种口头或书面语文，而所需的额外费用由提出或支持该项申请的成员国承担；

492　　b) 如果在国际电联的大会或会议上，任一代表团在通知秘书长或有关局的主任后自费做出安排，将该国语文口译为《组织法》第29条有关规定所述语文中的任何一种。

493　　2) 在上述第491款规定的情况下，秘书长在首先获得有关成员国关于所需费用由其向国际电联如数偿付的保证后，应在可行范围内同意该申请。

494　　3) 在上述第492款规定的情况下，有关代表团如果愿意，还可以自费做出安排，将《组织法》第29条有关规定所述语文中的任何一种口译为该国语文。

495　　2.《组织法》第29条有关规定所述各种文件的任何一种均可以用这些规定所述语文以外的语文出版，但条件是要求以此方式出版的成员国负责支付翻译和出版所需的全部费用。

第五章　关于电信业务运营的各项条款

第36条 收费和免费业务

496　　有关电信收费和准用免费业务的各种情况的条款在行政规则中有所规定。

第37条 账目的开出和结清

497　　1. 国际账目的结清应视为经常性事务，并应在相关政府间业已就此做出安排的情况下，按照各有关成员国和部门成员所承担的现行国际义务办理。在未做出此类安排且未按《组织法》第42条规定订立特别协议的情况下，则应按照行政规则办理。

498　2. 运营国际电信业务的成员国主管部门和部门成员应就其应收款额与应付款额达成协议。

499　3. 除有关各方做出特殊安排外，上述第498款所述应付款额与应收款额的账单均应按行政规则的规定编制。

第38条　货币单位

500　在各成员国之间未做出特殊安排的情况下，用以构成国际电信业务结算价和编制国际账目的货币单位：

——或为国际货币基金组织的货币单位

——或为金法郎，

这两种货币单位在行政规则中均做出了定义。适用的规定见《国际电信规则》附录1。

第39条　相互间的通信

501　1. 在移动业务中进行无线电通信的电台，在其正常工作范围内，无论采用何种无线电系统，均应负有相互交换无线电通信的义务。

502　2. 然而，为不致阻碍科学发展起见，上述第501款的规定不应阻止使用不能同其他系统进行通信的无线电系统，条件是这种系统之所以不能同其他系统进行通信必须是此类系统的特殊性所致，而不是因为采用了专用于阻碍相互间通信的装置的结果。

503　3. 虽有上述第501款的规定，但仍可根据此类业务的用途或与所采用的系统无关的其他情况，指定一电台开放有限制的国际电信业务。

第40条　密语

504　1. 政务电报和公务电报在所有通信联络中均可用密语书写。

505　2. 在所有成员国之间均可受理密语私务电报；但是，通过秘书长预先通知不受理密语私务电报的成员国不在此列。

506　3. 凡不受理发自或发往其本国境内的密语私务电报的成员国必须准许密语私务电报过境，但遇有《组织法》第35条规定的业务中止情况时除外。

第六章 仲裁和修订

第 41 条 仲裁：程序（见《组织法》第 56 条）

507　1. 诉请仲裁的一方应将争议提付仲裁通知书交送争议的对方，以作为仲裁程序的开始。

508　2. 争议各方应协商决定将仲裁委托个人、主管部门或政府进行。如在争议提付仲裁通知书提出一个月以内各方仍未就这一点取得一致，则应委托政府进行仲裁。

509　3. 如系委托个人进行仲裁，仲裁人既不得是争议一方的国民，其住所亦不得在争议一方的国内，同时亦不得受雇于争议一方。

510　4. 如系委托政府或其主管部门进行仲裁，必须在没有卷入争议但却参加了该项在实施中引起争议的协定的成员国中选择仲裁人。

511　5. 争议双方均应在自收到争议提付仲裁通知书之日起的三个月以内各自指定一名仲裁人。

512　6. 如争议涉及两方以上，应由在争议中持相同立场的各方所构成的两个集团按照上述第 510 和 511 款规定的程序各指定一名仲裁人。

513　7. 按上述规定指定的两名仲裁人应选择一名第三仲裁人，如果这两名仲裁人系由个人而不是由政府或主管部门担任，则该第三仲裁人必须符合上述第 509 款所述的条件，此外其国籍不得与另两名仲裁人中任何一人相同。如这两名仲裁人未能就第三仲裁人的人选问题达成一致，则应各自提出一名与这项争议毫无关系的第三仲裁人的候选人，然后由秘书长抽签选定。

514　8. 争议各方可以同意由一名共同指定的唯一仲裁人解决争议；或者，可以由每一方提出一名仲裁人的候选人，并请秘书长从所提名的候选人中抽签决定由谁担任唯一仲裁人。

515　9. 仲裁人或各仲裁人应自由决定仲裁的地点及所适用的程序规则。

516　10. 唯一仲裁人的决定应为最后裁决，对于争议各方均有约束力。如所委托的仲裁人不止一名，则仲裁人多数票所做的决定应为最后裁决,对于争议各方均有约束力。

517　11. 争议各方应各自负担调查和提出仲裁所需的费用。仲裁费除各方本身所耗部分外,应由争议各方平均分担。

518　12. 国际电联应向仲裁人或各仲裁人提供所需的与争议有关的全部信息。如争议各方同意,应将仲裁人或各仲裁人的决定告知秘书长,以备将来参考。

第42条　关于修正本《公约》的条款

519　1. 任何成员国均可对本《公约》提出修正案。为确保将此类提案及时转发给所有成员国审议,应最迟于所确定的全权代表大会开幕日的八个月前将此类提案寄达秘书长。秘书长应尽快、不迟于开幕日的六个月前将这种提案寄送所有成员国。

520　2. 然而,对于按照上述第519款提交的任何修正案的任何修改提案,则可由成员国或其代表团在全权代表大会上随时提交。

521　3. 在全权代表大会全体会议上审议本《公约》的修正案或对修正案的修改时所需的法定人数,应由半数以上受命参加全权代表大会的代表团构成。

522　4. 对修正案的修改提案以及整个修正案(无论是否修改过),应在通过前先在全体会议上得到半数以上受命参加全权代表大会并享有表决权的代表团的批准。

523　5. 除非作为准则的本条前面各段另有规定,不然《国际电联大会、全会和会议的总规则》适用。

524　6. 由全权代表大会通过的本《公约》的任何修正案,应自大会规定的日期起,在该日期前已交存了本《公约》和修订法规的核准、接受、批准证书或加入证书的成员国之间,作为整体并以合一的修订法规的形式生效。仅仅核准、接受、批准或加入这种修订法规的一部分的情况除外。

525　7. 尽管上述第524款已有规定,但为了《组织法》的某项修正案的适当实施,全权代表大会可以决定是否有必要对本《公约》进行修正。在此情况下,本《公约》的修正条款不得先于《组织法》的修正条

款生效。

526　8. 秘书长应将每份核准、接受、批准证书或加入证书的交存通知所有成员国。

527　9. 在任何这种修正法规生效之后，符合《组织法》第52和53条的核准、接受、批准或加入应适用于修正后的本《公约》。

528　10. 在任何这种修正法规生效后，秘书长应按照《联合国宪章》第102条的规定将其向联合国秘书处登记。《组织法》的第241款亦应适用于任何这种修正法规。

附件

本《公约》和国际电联行政规则中所用若干术语的定义

对于国际电联的上述法规，下列术语具有下文所确定的意义。

1001　专家：由

a) 其本国政府或主管部门，或

b) 按照本《公约》第19条授权的实体或组织，或

c) 国际组织

派遣参加与其专业范围有关的国际电联工作的人员。

1002　观察员：按照国际电联基本文件的有关条款，由成员国、组织、机构或实体派遣参加国际电联大会、全会、会议或理事会的不具有表决权的人员。

1003　移动业务：在移动电台和陆地电台之间或在移动电台之间开展的无线电通信业务。

1004　科学或工业组织：除政府机关或机构以外，任何从事电信问题研究、设计或制造用于电信业务的设备的组织。

1005　无线电通信：利用无线电波的电信。

注1：无线电波是不用人工波导而在空间传播的、其频率规定在3000吉赫以下的电磁波。

注2：对于本《公约》第149至154款的规定，"无线电通信"这一术语亦包括不使用人工波导而在空间传播的、使用频率在3000吉赫以上的电磁波的通信。

1006　公务电信：在下列各方之间交换的有关国际公众电信的电信：

—主管部门，

—经认可的运营机构，和

—国际电联的理事会主席、秘书长、副秘书长、各局的主任、无线电规则委员会的委员和其他国际电联的代表或受权官员，包括在国际电联所在地以外执行公务的人员。

大事纪年

1837 年　　　　6 月，电报问世。
1865 年　　　　5 月 17 日，20 个欧洲国家在法国巴黎成立国际电报联盟，通过国际电报联盟首个公约，并开始实施首个电报规则。
1868 年　　　　6 月 12 日至 7 月 21 日，国际电报会议在维也纳召开。会议决定在德国波恩成立国际电报联盟总部。
1869 年　　　　《电报杂志》出版，于 1934 年重新命名为《电信杂志》，目前以《国际电信联盟新闻月刊》的名称发行。
1871~1872 年　　1871 年 12 月 1 日至 1872 年 1 月 14 日，国际电报会议在意大利罗马召开。
1875 年　　　　6 月 1 日至 7 月 19 日，国际电报会议在俄罗斯圣彼得堡召开。
1876 年　　　　3 月 3 日，亚历山大·格拉汉姆·贝尔获得电话发明专利。
1885 年　　　　8 月 10 日至 9 月 16 日，国际电报会议在德国柏林召开，首次为国际电话业务做出规定。
1895 年　　　　5 月 7 日，人类首次利用无线电系统发射信号。
1906 年　　　　10 月 3 日至 11 月 3 日，国际无线电会议在德国柏林召开。会议在世界范围内通过了将 SOS 作为国际海事灾害预警呼叫信号。
　　　　　　　12 月，人类首次利用无线电话进行（声音和音乐）广播试验。
1920 年　　　　11 月 2 日，人类首次正式进行声音广播，这诞生于马科

193

	尼公司临时搭建的演播室。
1924 年	4 月 28 日至 5 月 3 日,国际电话咨询委员会(CCIF)成立。
1925 年	6 月 22～29 日,国际电报咨询委员会(CCIT)成立。
1927 年	10 月 4 日至 11 月 25 日,国际无线电会议在美国华盛顿召开,国际无线电咨询委员会(CCIR)成立。
1932 年	9 月 3 日至 12 月 10 日,全权代表大会在西班牙马德里召开。大会将《圣彼得堡国际电报公约》和《华盛顿国际无线电公约》合并为《国际电信公约》。机构名称改为国际电信联盟。
1947 年	5 月 16 日至 10 月 2 日,全权代表大会在美国大西洋城召开。该次大会创建了国际频率登记委员会(IFRB)。
1948 年	国际电信联盟总秘书处由伯尔尼迁往日内瓦。
1949 年	国际电信联盟正式成为联合国专门机构。
1952 年	10 月 3 日至 12 月 22 日,全权代表大会在阿根廷布宜诺斯艾利斯召开。国际电信联盟启动技术合作计划。
1956 年	12 月 15～20 日,CCIF 和 CCIT 合并为国际电报电话咨询委员会(CCITT)。
1957 年	10 月 4 日,人类第一颗人造地球卫星斯普特尼克 1 号发射。
1959 年	8 月 17 日至 12 月 21 日,无线电行政大会在瑞士日内瓦召开。该次会议首次全面修订《无线电规则》。
1963 年	2 月 14 日,世界第一颗对地静止通信卫星 Syncoml 发射。10 月 7 日至 11 月 8 日,首届世界空间无线电通信大会在瑞士日内瓦召开。
1965 年	9 月 14 日至 11 月 12 日,全权代表大会在瑞士蒙特勒召开。国际电信联盟举行百年庆典活动。
1971 年	6 月 17～27 日,首届世界电信展举办。
1973 年	9 月 14 日至 10 月 25 日,全权代表大会在西班牙马拉加 -

大事纪年

托雷莫利诺斯召开。

1982 年	9 月 28 日至 11 月 6 日，全权代表大会在肯尼亚内罗毕召开。世界电信发展独立委员会成立。
1983 年	国际电信联盟成为联合国"世界通信年"活动的牵头机构。
1985 年	5 月 14~19 日，在亚太区举办首届区域性电信展。
1986 年	9 月 16~23 日，在非洲地区举办首届区域性电信展。
1987 年	2 月 2 日至 3 月 6 日，高频广播大会在瑞士日内瓦召开。大会审核划分给广播业务的高频频段的使用，并通过单边带无线电业务使用的技术标准和程序。
1988 年	4 月 30 日至 10 月 30 日，在美洲地区举办首届区域性电信展。 8 月 29 日至 10 月 5 日，世界无线电会议在瑞士日内瓦召开。会议研究对地静止卫星轨道的使用（ORB-88），通过了平等使用对地静止卫星轨道的规划，完成了全面的世界卫星直播规划。
1989 年	5 月 23 日至 6 月 29 日，全权代表大会在法国尼斯召开。该次大会成立高级委员会，负责对国际电信联盟的结构和职能进行深入研究。
1990 年	国际电信联盟举行成立 125 周年纪念活动。
1992 年	12 月 7~22 日，全权代表大会在瑞士日内瓦召开特别会议。该次会议根据高级委员会的建议，通过了机构改革方案。该次会议成立三个部门（无线电通信部门、电信标准化部门和电信发展部门），对 CCIR、CCITT、电信发展局（BDT）等的职能进行整合。
1993 年	3 月 1~12 日，首届世界电信标准化大会在芬兰赫尔辛基召开。 11 月 15~19 日，首届世界无线电通信大会（WRC-93）和无线电通信全会（RA-93）在瑞士日内瓦召开。
1994 年	3 月 21~29 日，首届世界电信发展大会在阿根廷布宜诺

斯艾利斯召开。

9月19日至10月14日，全权代表大会在日本京都召开。

1996年　10月21~23日，首届世界电信政策论坛在瑞士日内瓦举办。该次论坛研究全球卫星移动个人通信（GMPCS）问题，并通过了第一个全球被叫集中付费业务（UIFN）国际标准。

1997年　制定GMPCS谅解备忘录并通过第一套跨境使用GMPCS终端的方案。

第一个重组互联网的谅解备忘录通过。

9月8~14日，首届互动媒体展览会和论坛举办。

1998年　10月12日至11月6日，全权代表大会在美国明尼阿波利斯召开。大会根据扩大私营部门成员权利与义务的精神，采用统一类别的部门成员制。大会通过了举办信息社会世界峰会的决定。

首个《应急通信公约》通过。

1999年　国际电信联盟成为支持成立"因特网域名和号码分配公司"（ICANN PSO）议定书的创始成员。

2000年　5月8日至6月2日，世界无线电通信大会在土耳其伊斯坦布尔召开。大会批准了3代移动通信（IMT-2000）无线接口规范和为其全球运行追加频段的决定。

首个世界性数字声音广播标准被制定。

第一版3代移动通信（IMT-2000）无线接口规范得到批准。

2001年　首个通用个人电信号码被分配。

联合国大会赞成举办信息社会世界峰会。

2002年　9月23日至10月18日，全权代表大会在摩洛哥马拉喀什召开。

2003年　国际电信联盟首次采用全球指数为约180个经济体进行信息社会利用指数排名。

12月10~12日，信息社会世界峰会第一阶段会议召开。

	会议就建设新兴信息社会的主要原则达成共识。
2005年	11月16~18日，信息社会世界峰会第二阶段会议召开。会议重申以人为本、面向发展和包容性的原则，并通过让信息通信技术造福全世界人民的路线图。
2006年	首个世界电信和信息社会奖颁发给孟加拉乡村银行穆罕默德·尤纳斯教授和塞内加尔总统瓦德。
	3月7~15日，第四届世界电信发展大会在卡塔尔多哈召开。
	11月6~24日，全权代表大会在土耳其安塔利亚召开。
2007年	10月22日至11月16日，世界无线电通信大会（WRC-07）在瑞士日内瓦召开。
2008年	10月21~30日，世界电信标准化全会在南非约翰内斯堡召开。
	因在H.264/AVC（先进视频编码）标准方面的工作，国际电信联盟荣获艾美奖。上述标准用于高清晰度电视、视频会议和3G移动多媒体。
2009年	4月22~24日，第四届世界电信政策论坛在葡萄牙里斯本举行。
2010年	5月24日至6月4日，世界电信发展大会在印度海得拉巴召开。
	10月4~22日，全权代表大会在墨西哥瓜达拉哈拉召开。国际电信联盟与联合国教科文组织联合成立宽带数字发展委员会。
	国际电信联盟设立"信息通信年轻女性日"。
2011年	10月24~27日，世界电信展在瑞士日内瓦举办。
	国际电信联盟推出"学术成员"新类别。
2012年	1月23日至2月17日，世界无线电通信大会在瑞士日内瓦召开。
	12月3~14日，世界国际电信大会在阿拉伯联合酋长国

	迪拜召开。国际电信联盟总部互动式展览"信息通信技术展示馆"向公众开放。
2013年	5月14~16日,世界电信/信息通信技术政策论坛在瑞士日内瓦举行。
2014年	3月30日至4月10日,世界电信发展大会在阿拉伯联合酋长国迪拜召开。
	10月20日至11月7日,全权代表大会在韩国釜山召开。大会强化了国际电信联盟在现有工作领域的职能,通过了若干项里程碑式的决议并批准了"联通目标2020"议程,明确了网络信息技术行业的愿景和共同的目标。
2015年	在日内瓦举办庆祝成立150周年纪念活动。
	11月2~27日,世界无线电通信大会(WRC-15)召开。大会审议并修订了《无线电规则》。该规则主要用于规范无线电频谱、对地静止卫星轨道和非对地静止卫星轨道使用事项。
2017年	10月9~20日,世界电信发展大会在阿根廷布宜诺斯艾利斯召开。
2018年	10月29日至11月16日,全权代表大会在阿拉伯联合酋长国迪拜召开。
2019年	10月28日至11月22日,世界无线电通信大会在埃及沙姆沙伊赫召开。
2020年	6月22日至9月10日,举办2020年信息社会世界峰会论坛(线上会议)。
2021年	9月1日至12月17日,举办2021年世界电信数字展览会(线上会议)。
2022年	3月15日至6月3日,举办2022年信息社会世界峰会论坛(线上会议)。

参考文献

一　中文文献

白永忠：《电信业热点法律问题透析》，法律出版社，2003。

蔡昉：《金德尔伯格陷阱还是伊斯特利悲剧？——全球公共品及其提供方式和中国方案》，《世界经济与政治》2017年第10期。

冯昭奎：《科技革命发生了几次——学习习近平主席关于"新一轮科技革命"的论述》，《世界经济与政治》2017年第2期。

古祖雪、柳磊：《国际通信法律制度研究》，法律出版社，2014。

郭少青、陈家喜：《中国互联网立法发展二十年：回顾、成就与反思》，《社会科学战线》2017年第6期。

刘建伟：《国家"归来"：自治失灵、安全化与互联网治理》，《世界经济与政治》2015年第7期。

刘建伟：《恐惧、权力与全球网络安全议题的兴起》，《世界经济与政治》2013年第12期。

孙南翔：《打造网络空间法治化治理的中国方案》，《中国社会科学报》2017年9月15日，第4版。

孙南翔：《论网络经济主权的形成及其合作模式》，《网络信息法学研究》2018年第2期。

孙南翔：《人工智能技术对国际法的挑战及应对原则——以国际海洋法为视角》，《辽宁师范大学学报》（社会科学版）2020年第4期。

孙南翔：《世界贸易组织法视角下的互联网自由与人权问题研究》，

载陈泽宪主编《人权领域的国际合作与中国视角》,中国政法大学出版社,2017。

唐守廉主编《互联网及其治理》,北京邮电大学出版社,2008。

王春晖:《〈国际电信规则〉审议与修订的法律分析》,《网络信息法学研究》2018 年第 1 期。

王明国:《全球互联网治理的模式变迁、制度逻辑与重构路径》,《世界经济与政治》2015 年第 3 期。

王郁琦:《资讯、电信与法律》,北京大学出版社,2006。

夏维奇:《拒请与申入:近代中国与万国电报公会》,《复旦学报》(社会科学版)2012 年第 6 期。

张晓君、孙南翔:《走向命运共同体:网络空间治理的中国方案》,《人民论坛·学术前沿》2016 年第 4 期。

赵厚麟:《国际电信联盟(ITU)简介》,《南京邮电学院学报》(社会科学版)2002 年第 3 期。

二 外文文献

Ahmad R. Sharafat, William H. Lehr, *ICT-centric Economic Growth, Innovation and Job Creation* (Geneva: ITU, 2017).

Alan M. Solana, "The International Telecommunication Union and the Third World's Quest for Equitable Access to the Orbit/Spectrum Resource," *Boston College Third World Law Journal*, Vol. 4, 1984.

Alexandru Pirjan, Justina Lavinia Stanica, "Challenges Regarding the Appropriate Management of the Emerging Internet of Things Applications," *Research and Science Today*, Vol. 13, 2017.

Audrey L. Allison, "Meeting the Challenges of Change: The Reform of the International Telecommunication Union," *Federal Communications Law Journal*, Vol. 45, 1992.

Brian E. Harris, "The New Telecommunications Development: Bureau of the International Telecommunication Union," *American University Journal of*

International Law and Policy, Vol. 7, 1991.

Gabriele Balbi and Andreas Fickers, eds., *History of the International Telecommunication Union* (Berlin: De Gruyter Oldenbourg, 2020).

George A. Codding Jr., "Evolution of the ITV," *Telecommunications Policy*, Vol. 15, 1991.

George A. Codding Jr., "The International Telecommunications Union: 130 Years of Telecommunications Regulation," *Denver Journal of International Law and Policy*, Vol. 23, 1995.

Jan M. Smits, *Legal Aspects of Implementing International Telecommunication Links: Institutions, Regulations and Instruments* (Dordrecht: Martinus Nijhoff Publishers, 1991).

Jason Gerson, "A Grand Bargain Among the International Telecommunication Union's Skeptics and Proponents: Building a Third Way Toward Internet Freedom," *Georgetown Journal of International Law*, Vol. 47, 2016.

Lawrence D. Roberts, "A Lost Connection: Geostationary Satellite Networks and the International Telecommunication Union," *Berkeley Technology Law Journal*, Vol. 15, 2000.

Lawrence Lessig, *The Future of Ideas: The Fate of the Commons in a Connected World* (New York: Random House Inc., 2001).

Marco C. E. J. Bronckers, Pierre Larouche, "Telecommunications Services and the World Trade Organization," *Journal of World Trade*, Vol. 31, 1997.

Martin A. Rothblatt, "ITU Regulation of Satellite Communication," *Stanford Journal of International Law*, Vol. 18, 1982.

Martin A. Rothblatt, "New Satellite Technology, Allocation of Global Resources, and the International Telecommunication Union," *Columbia Journal of Transnational Law*, Vol. 24, 1985.

Paul Rosenzweig, "The International Governance Framework for Cybersecurity," *Canada-United States Law Journal*, Vol. 37, 2012.

Rolf H. Weber, *Regulatory Models for the Online World* (Kluwer Law

International, 2002).

Tim Gerlach, "Using Internet Content Filters to Create E-Borders to Aid in International Choice of Law and Jurisdiction," *Whittier Law Review*, Vol. 26, 2005.

三 主要网站

国际标准化组织, https://www.iso.org/。

国际电信联盟, https://www.itu.int/。

国家统计局, http://www.stats.gov.cn/。

联合国, https://www.un.org/。

世界贸易组织, https://www.wto.org/。

世界知识产权组织, https://www.wipo.int/。

中共中央网络安全和信息化委员会办公室、中华人民共和国国家互联网信息办公室, http://www.cac.gov.cn/。

中国人大网, http://www.npc.gov.cn/。

中国政府网, http://www.gov.cn/。

中华人民共和国工业和信息化部, https://www.miit.gov.cn/。

索　引

第四次工业革命　2（序言），7（序言），36，110，111，117

电信标准化部门　30，36，47，54，55，61，62，64，65，73，102，107，109，125，129，131，132，164，165，167，169，170，172，173，177，195

电信发展部门　11，37，47，54，55，61～64，67，73，102，125，129，131～133，164，165，167，169～174，177，184，195

发展援助　9，12，19，58，62，87，173

光纤技术　25

国际标准化组织　26，30，82，83，107，109，169，202

国际电报联盟　2（序言），3（序言），6（序言），2～6，17，18，28～30，46，47，50，54，101，102，115，118，193

《国际电信规则》　1，20，39，49，51，52，59，62，92，93，101，104，111，116，124，134，170，187

《国际电信联盟公约》　3（序言），7（序言），1，19，21，36，47，48，51，53，54，57～62，64，73～75，77～79，100，102，103，106，116，121，124，147

《国际电信联盟组织法》　2（序言），3（序言），7（序言），1，9，21，33，34，44，46～48，51，53～56，58，60，61，64，69，70，72～80，102，103，106，116，124，147，149

国际无线电联盟　4，5，18，50

海底电缆　3（序言），5（序言），27，28，30

互联互通　5（序言），6（序言），21，26，41，70，90，95，105，108，111～113，115

互联网治理　7（序言），20，68，90～96，104，105，117，119，199，200

可持续发展　7（序言），16，45，85～87，112，113，116

莫尔斯电码　3（序言），2，22

全权代表大会　2，7～17，19，28，38，39，44，47，48，51，54～60，64，66，

203

67，70，72，74，80，82，87，88，90，93，97，100~104，109，123~129，132~138，145~147，149~162，164，168，169，173，179，180，182，184，189，194~198

世界电信展　39，66，108，194，197

世界国际电信大会　20，39，49，55，59，92，93，104，125，134，135，153，180，184，197

世界贸易组织　7（序言），12，19，44，80~82，95，103，199，202

网络空间命运共同体　119

卫星技术　25，39

《无线电规则》　35，49~51，60，61，76，77，116，124，129，130，141，147，160，162，163，165，166，194，198

无线电通信部门　30，47，51，54，55，59，61，62，64，65，73，102，125，128，129，131，132，160，164，165，167，169，170，172，173，177，180，195

信息社会世界峰会　13，14，32，39，40，45，67~69，89，90，93，103，196~198

"一带一路"倡议　112，113

《中华人民共和国电子商务法》　107

《中华人民共和国网络安全法》　107

致　谢

"天空不曾留下鸟的痕迹，但我已飞过。"

本书写作得到2018年度中国社会科学院"新增《列国志》国际调研与交流项目"的支持。在探索国际电信联盟的历史与发展进程中，笔者得到瑞士比较法研究所胜雅律（Harro von Senger）教授、社会科学文献出版社叶娟编辑等的无私帮助，在此表示衷心感谢。林冰玉女士帮助整理了本书初稿的文献资料。本书的完成凝聚着他们的智慧和劳动成果。

国别区域与全球治理数据平台

www.crggcn.com

"国别区域与全球治理数据平台"（Countries, Regions and Global Governance, CRGG）是社会科学文献出版社重点打造的学术型数字产品，对接国别区域这一重点新兴学科，围绕国别研究、区域研究、国际组织、全球智库等领域，全方位整合基础信息、一手资料、科研成果，文献量达30余万篇。该产品已建设成为国别区域与全球治理数据资源与研究成果整合发布平台，可提供包括资源获取、科研技术服务、成果发布与传播等在内的多层次、全方位的学术服务。

从国别区域和全球治理研究角度出发，"国别区域与全球治理数据平台"下设国别研究数据库、区域研究数据库、国际组织数据库、全球智库数据库、学术专题数据库和学术资讯数据库6大数据库。在资源类型方面，除专题图书、智库报告和学术论文外，平台还包括数据图表、档案文件和学术资讯。在文献检索方面，平台支持全文检索、高级检索，并可按照相关度和出版时间进行排序。

"国别区域与全球治理数据平台"应用广泛。针对高校及国别区域科研机构，平台可提供专业的知识服务，通过丰富的研究参考资料和学术服务推动国别区域研究的学科建设与发展，提升智库学术科研及政策建言能力；针对政府及外事机构，平台可提供资政参考，为相关国际事务决策提供理论依据与资讯支持，切实服务国家对外战略。

数据库体验卡服务指南

※100元数据库体验卡，可在"国别区域与全球治理数据平台"充值和使用

充值卡使用说明：
第1步 刮开附赠充值卡的涂层；
第2步 登录国别区域与全球治理数据平台（www.crggcn.com），注册账号；
第3步 登录并进入"会员中心"→"在线充值"→"充值卡充值"，充值成功后即可使用。

声明

最终解释权归社会科学文献出版社所有

客服QQ：671079496
客服邮箱：crgg@ssap.cn

欢迎登录社会科学文献出版社官网（www.ssap.com.cn）和国别区域与全球治理数据平台（www.crggcn.com）了解更多信息

卡号：4212152912984434
密码：

图书在版编目（CIP）数据

国际电信联盟/孙南翔著．--北京：社会科学文献出版社，2022.6
（国际组织志）
ISBN 978-7-5228-0122-3

Ⅰ.①国… Ⅱ.①孙… Ⅲ.①国际电信联盟-介绍 Ⅳ.①D813.7

中国版本图书馆 CIP 数据核字（2022）第 085989 号

·国际组织志·
国际电信联盟

著　　者	/ 孙南翔
出 版 人	/ 王利民
组稿编辑	/ 张晓莉
责任编辑	/ 叶　娟
文稿编辑	/ 程丽霞
责任印制	/ 王京美

出　　版	/ 社会科学文献出版社·国别区域分社（010）59367078 地址：北京市北三环中路甲29号院华龙大厦　邮编：100029 网址：www.ssap.com.cn
发　　行	/ 社会科学文献出版社（010）59367028
印　　装	/ 三河市尚艺印装有限公司
规　　格	/ 开本：787mm×1092mm　1/16 印张：14.5　字数：215千字
版　　次	/ 2022年6月第1版　2022年6月第1次印刷
书　　号	/ ISBN 978-7-5228-0122-3
定　　价	/ 79.00元

读者服务电话：4008918866

版权所有 翻印必究